CHANGE

Mein Leben in meiner Hand

Über die Autorin

Anne Sommer hat unter anderem Psychologie in Erlangen studiert. Sie arbeitet heute als freie Autorin und Lektorin. Die Suche nach Wegen, um der beste Mensch zu sein, der wir sein können, beschäftigt Sommer bereits seit Längerem. In diesem Buch hat sie ihre Ideen dazu aufgeschrieben.

Anne Sommer lebt mit ihrem Mann und ihren beiden Töchtern bei Bamberg.

CHANCE

Mein Leben in meiner Hand

Inhalt

Bevor es losgeht
Seite 6/7

Woche 1: Erkenne dich selbst
Seite 8–23

Woche 2: Sei zufrieden
Seite 24–39

Woche 3: Lebe mit Gefühl
Seite 40–55

Woche 4: Wisse, was wichtig ist
Seite 56–63

Woche 5: Du und die anderen
Seite 64–79

Woche 6: Sei hilfsbereit
Seite 80–87

Woche 7: Sei zu faul zum Suchen
Seite 88–103

Woche 8: Liebe deinen Körper
Seite 104–119

Woche 9: Setze dir Ziele
Seite 120–129

Woche 10: Schlage Wurzeln
Seite 130–145

Woche 11: Gehe in die Wälder
Seite 146–161

Woche 12: Liebe den Planeten
Seite 162–177

Woche 13: Lebe nicht in der Vergangenheit
Seite 178–193

Woche 14: Frage nach dem Sinn
Seite 194–209

Woche 15: Höre auf deinen Bauch
Seite 210–225

Woche 16: Akzeptiere den Lauf des Lebens
Seite 226–241

Woche 17: Lebe den Verzicht
Seite 242–257

Woche 18: Gehe sinnvoll mit deiner Zeit um
Seite 258–273

Woche 19: Lebe nicht für die Arbeit
Seite 274–283

Woche 20: Sei offen für Neues
Seite 284–299

Zu guter Letzt …
Seite 300/301

Bevor es losgeht

Veränderung! In fünf Wochen zum perfekten Ich ...

Was ist eigentlich mit den Zeiten passiert, als man noch selbstbewusst fordern durfte: „Ich will so bleiben, wie ich bin!“ und niemand einen ermahnte, dass sich doch bitte jeder weiterentwickeln müsse?

Und da kommt auch schon dieses Buch daher: ein Change-Tagebuch. Verändern sollst du dich, schon wieder! Doch keine Sorge. In den kommenden 20 Wochen, denn auf diesen Zeitraum ist dieses Tagebuch ausgelegt, geht es nicht darum, dein Leben komplett auf den Kopf zu stellen, sondern vielmehr darum, dich selbst besser kennenzulernen und deinen Gefühlen, deinen Prioritäten im Leben auf den Grund zu gehen. Natürlich wird es dabei auch Anregungen und Ideen geben, die du ausprobieren kannst. Aber sie sind nicht dazu da, einen neuen Menschen aus dir zu machen, sondern haben vielmehr das Ziel, dich der Mensch sein zu lassen, der du bist, deine besten Seiten zum Vorschein zu bringen. Ohne den Ballast, den du dir in so vielen Lebensjahren aufgeladen hast. Mit einem harmonischen Verhältnis zu deiner Umwelt. Mit klaren Zielen. Mit einer kindlichen Neugier und Offenheit für die Welt.

In jeder der kommenden 20 Wochen lade ich dich ein, dich mit einem anderen Bereich deines Lebens auseinanderzusetzen. Mit deinem Körper, der Natur um dich herum, der eigenen Vergänglichkeit, den Verbindungen zu deinen Mitmenschen und vielem mehr. Zu Beginn jeder Woche findest du einen Text, der dir diesen ausgewählten Lebensbereich vorstellt und die Herausforderungen beschreibt, die uns dort tagtäglich begegnen. Der dich an der Hand nimmt, um dir die Kräfte bewusst zu machen, die in dir schlummern, um diese Herausforderungen zu bewältigen und das Beste selbst aus eingefahrensten Situationen zu machen. Auf den darauffolgenden sieben Einzel- oder Doppelseiten hast du dann die Möglichkeit, dich eine Woche lang anhand von Fragen oder Übungen intensiver mit diesen Themen auseinanderzusetzen, daraus zu lernen, dich von Ballast zu befreien und endlich der Mensch zu sein, der du wirklich bist.

Ich freue mich auf unseren gemeinsamen Weg zu deinem wahren Ich.

Viel Freude dabei wünscht dir

Deine
Anne Sommer

Erkenne dich selbst

Natürlich hast du diesen Satz schon gehört. Die Aufforderung, dich selbst zu erkennen, lacht dir mit schöner Regelmäßigkeit von den einschlägigen Magazincovern entgegen. Dabei fällt es uns Menschen auch mit viel Übung nicht so leicht, unsere Bedürfnisse, unsere Gefühle, ja unsere Fähigkeiten richtig einzuschätzen. Bestimmt erinnerst du dich selbst noch an deine Schulzeit, als du nach einer Klassenarbeit aufgelöst in den Armen deiner besten Freundin geschluchzt hast: „Ich habe bestimmt eine Fünf!" Und auch heute ist es mit unserer Selbsteinschätzung leider sehr häufig nicht allzu weit her …

Wer sich gern ein bisschen über seine Mitmenschen lustig macht, dem fällt in diesem Kontext vielleicht der von den amerikanischen Psychologen David Dunning und Justin Kruger 1999 vorgestellte Dunning-Kruger-Effekt ein, demzufolge inkompetente Menschen offenbar große Probleme haben, die eigene Inkompetenz zu erkennen und die Kompetenz anderer Menschen anzuerkennen. Das ultimative Totschlagargument für jede noch so verfahrene Diskussion.

Doch die Unfähigkeit, sich selbst richtig einzuschätzen, ist nicht nur besonders „dummen" Menschen vorenthalten. Wir halten uns zum Beispiel in vielen Bereichen für besser als wir sind. Wer würde schon allen Ernstes über sich sagen, dass er ein grottiger Autofahrer ist? Schlecht im Bett? Ein kleines bisschen dumm? Die wenigsten von uns. Die Wahrheit wäre vermutlich nur schwer zu ertragen.

Gleichzeitig halten wir uns in anderen Situationen für schlechter als wir sind, einfach weil wir uns besser kennen und wissen, dass das Lob und die Anerkennung von außen möglicherweise nicht ganz so gerechtfertigt sind. „Ach, nein, das ist doch nicht der Rede wert." Mit diesen Worten weisen wir häufig Lob zurück. Denn natürlich wissen wir, dass wir diese oder jene Situation zwar mit Bravour gemeistert haben. Gleichzeitig könnten wir zehn Beispiele nennen, in denen wir gescheitert sind, von denen die anderen jedoch nichts wissen.

Und dann wäre da noch die soziale Erwünschtheit: Wie *soll* ich sein? Was *müsste* ich können? Wie *darf* ich sein? Sich selbst wirklich zu erkennen, wird unter solchen Prämissen durchaus nicht leichter.

Doch erst die sichere Kenntnis unserer selbst, unserer Stärken und Schwächen, unserer Wertvorstellungen macht es uns möglich, den für uns bestmöglichen Platz in dieser Welt zu finden. Nur sie verraten uns, wo wir hingehören, was wir wirklich wollen vom Leben.

Machen wir uns doch am besten gleich auf die Suche nach uns selbst ...

Das habe ich Neues über mich gelernt

Beobachte dich heute, als wärst du eine fremde Person. Welche Dinge fallen dir auf? Welcher Aspekte warst du dir bisher gar nicht bewusst? Kleine Marotten, große Sehnsüchte?

Dass du in der U-Bahn bei anderen Menschen über die Schulter mitliest? Wie du deine Finger über die Stäbe der Gartenzäune gleiten lässt? Dass du deinen Kaffee nie ganz austrinkst, sondern immer einen kleinen Spuckrest übrig lässt?

Begib dich in neue, unbekannte Situationen, um zu sehen, wie du reagierst.

Diese drei Dinge sind mir heute an mir aufgefallen:

-
-
-

Manchmal liegen die Antworten so nah, dass du sie gar nicht mehr siehst.

Was kann ich daraus lernen?

Das war ziemlich aufschlussreich, oder? Und sicherlich gibt es noch einiges mehr über dich zu erfahren. Deshalb findest du jetzt auch für alle weiteren Tage der nächsten Wochen oben die Ausfüllübung „Das habe ich Neues über mich gelernt". Hier kannst du all jene neuen Erkenntnisse eintragen, die dir auf dem Weg der Veränderung begegnen werden.

Das habe ich Neues über mich gelernt:

Was denke ICH über mich?

Was denken die anderen über mich?	Was denke ich über mich?

Wer hat „recht“?

Woher kommt diese Diskrepanz?

Das, was du bist, findest du nicht in den Meinungen der anderen.

Das habe ich Neues über mich gelernt:

Welche Dinge sind in meinem Leben von zentraler Bedeutung?

Kreise sie ein oder ergänze sie in der Wolke.

Liebe

Erfolg

Familie

Gesundheit

Sport

Macht

Loyalität

Freundschaft

Traditionen

Geld

Geduld

Treue

Gelassenheit

Wagemut

Abenteuer

Zuverlässigkeit

Träume

Glaube

Optimismus

Bodenständigkeit

Freude

Beständigkeit

Realismus

Neues

Sicherheit

Widme ich den Dingen, die mir im Leben wichtig sind, auch genug Zeit und Aufmerksamkeit?

Ja Nein

Falls nein: Was kann ich ändern – und wie?

Wir kennen von so vielen Dingen den Preis, doch nicht ihren Wert.

Das habe ich Neues über mich gelernt:

Durch die rosarote Brille

Schreibe in die Kreise auf der linken Seite deine fünf wichtigsten vermeintlichen Schwächen.

Es sind unsere Schwächen, die uns zu jemandem ganz besonderen machen.

Fertig?

Streiche jetzt die Schwächen durch und formuliere in den Kreisen auf der rechten Seite die positiven Seiten dieser Schwächen oder einen Ansatz, wie du diese Schwächen in etwas Positives verwandeln oder ihnen zumindest eine gute Seite abgewinnen kannst.

Du hast zum Beispiel geschrieben „Ich bin ein ziemlich neidischer Mensch“?

Ins Positive gewendet heißt das für dich: „Mein Neid kann mir Aufschluss darüber geben, was ich mir für mich selbst wünsche.“

Das habe ich Neues über mich gelernt:

Wo liegen meine Stärken?

Sieh nur, wie viel Platz du hast. Nutze ihn! Denn ich bin mir sicher: Du hast unglaublich viele Stärken.

soziale Stärken

geistige Stärken

körperliche Stärken

sonstige Stärken

*Manchmal sieht man nur deshalb nicht,
weil man die Augen verschlossen hat.*

Das habe ich Neues über mich gelernt:

Meine Leichen im Keller ...

Sicherlich gibt es Dinge in deinem Leben, die so ganz und gar nicht mit deinem Bild und dem der anderen von dir zusammenpassen.

Dinge, die du getan hast.

Dinge, die du gesagt hast.

Vielleicht auch nur Dinge, die du gedacht hast.
Schreibe Sie auf.

Gib dir die Erlaubnis, nicht perfekt zu sein.

Frage dich selbst: Warum habe ich so gehandelt, gesprochen, gedacht?

Wie willst du einzigartig sein, wenn du perfekt bist?

Das habe ich Neues über mich gelernt:

Ich bin so ...

Schreibe sämtliche Eigenschaften auf, die dir einfallen.

Bin ich nicht ein großartiger Mensch?

Ich liebe mich.

Sei zufrieden

Es war ein harter Aufstieg, nicht ohne Gefahren. Doch du hast es geschafft. Es sind nur noch wenige Schritte bis zum Gipfel, und da stehst du. Vor dir breitet sich das Land aus. Herrliches Grün, darüber strahlend blauer Himmel, weiße Wolken hingetupft. Deine Brust weitet sich, du atmest tief ein, dein Herz schlägt fest. Du fühlst dich mächtig, frei. Ja, das ist das Glück.

Oder alltäglicher, weniger pathetisch: Du hast im Büro eine Aufgabe in Angriff genommen, die du schon lange vor dir hergeschoben hast. Doch es hilft ja nichts. Vor drei Stunden hast du dich hingesetzt, das Telefon umgeleitet und die Tür geschlossen, hast dich eingedacht, verschiedene Lösungswege durchgespielt. Und jetzt, nach und nach, beginnt alles wie Teile eines Puzzles an seinen richtigen Platz zu fallen. Ja, die Arbeit hat sich gelohnt!

Oder ganz einfach: Du warst eine Woche auf Fortbildung. Dein Zug fährt in den Heimatbahnhof ein. Du trittst ins Freie und deine Familie wartet am Bahnsteig auf dich.

Gibt es etwas Schöneres als das Glück? Wohl kaum. Dieser Moment, in dem du alle Sorgen vergisst. Dieses Gefühl, hier und jetzt genau im richtigen Moment zu sein. Das Bewusstsein, mit niemandem auf der Welt jetzt tauschen zu wollen. Weil einfach alles stimmt. Dennoch heißt dieses Kapitel nicht „Glück ist alles". Ist da etwas schief gelaufen? Das Glück ist in der Tat eines der schönsten Dinge, die uns in unserem Leben begegnen können, und zwar immer wieder. Dabei ist Glück nicht irgendein Geisteshauch, der plötzlich deine Nase umweht, sondern etwas zutiefst körperliches, nämlich ein höchst wirksamer und wohldosierter Cocktail aus Dopamin, Serotonin, Noradrenalin und Endorphinen. Vor allem das Dopamin ist in diesem Fall von zentraler Bedeutung, denn wenn dieses über das bisherige Level ansteigt, ist das für unser Gehirn das Signal: Das Glück ist da. Daraus folgt aber auch: Damit das Dopamin über dieses ursprüngliche Level ansteigen kann, muss es zunächst einmal wieder abfallen. Und gemeinsam mit ihm stürzen auch wir wieder zurück auf den Boden der

Tatsachen, wo wir durch das Grau des Alltags wandern müssen. Es liegt also in der Natur des Glücks und unserer Glücksgefühle, dass sie nicht von Dauer sein können. Gleichzeitig bringt der Rausch, der mit ihnen einhergeht, eine große Gefahr mit sich: die Sucht. Egal ob Glücksspiel oder Extremsport, niemand von uns ist dagegen gefeit, süchtig zu werden nach dem Kick, der uns in den Himmel schießt – mit all seinen Folgen und Gefahren.

Deshalb soll es in diesem Kapitel um etwas Dauerhafteres gehen, das auch im Übermaß genossen keinen Schaden anrichtet. Es geht um deine Zufriedenheit: mit dir. Mit deinem Leben.

Es geht darum, mit einem guten Gefühl aufzustehen und in den Tag zu starten, ohne ständig dem nächsten Höhepunkt, dem nächsten Gipfelsturm oder auch nur dem Wochenende entgegenzufiebern. Es geht darum, im Hier und Jetzt, in deinem alltäglichen Leben angekommen zu sein. Es geht um Dankbarkeit.

Das heißt übrigens nicht, dass das Glück für dich damit gestorben wäre. Keine Sorge. Denn während wir uns in den nächsten sieben Tagen mit den vielen guten Gründen, weshalb du mit deinem Leben zufrieden sein kannst, beschäftigen werden, lädt dich dieses Tagebuch dazu ein, in den folgenden Wochen immer wieder mit offenen Augen durchs Leben zu gehen und in dich hineinzuspüren, welche kleinen, alltäglichen Dinge dich glücklich gemacht haben. Ab dieser Woche findest du täglich die Frage nach deinem ganz persönlichen Glücksmoment.

Jemand hat dich an der Supermarktkasse vorgelassen?
Du wurdest mit einem Lächeln beschenkt? Du hast endlich mal wieder durchgeschlafen? Feiere dieses Glück täglich!

Aber jetzt geht es erstmal um etwas viel Wichtigeres:
deine Zufriedenheit …

Das habe ich Neues über mich gelernt:

Bestandsaufnahme deiner Zufriedenheit

Schreibe hier mindestens drei Dinge auf, mit denen du an diesem Tag zufrieden warst und für die du dankbar bist.

Wer nicht zufrieden ist mit dem was er ist,
könnte auch nie mit dem zufrieden sein,
was er gerne wäre.

Stelle dir auch die Frage: Womit kann ich heute zufrieden sein, auch wenn es nicht perfekt ist?

Mein persönlicher Glücksmoment heute:

Das habe ich Neues über mich gelernt:

Gib dir die Erlaubnis loszulassen!

Natürlich willst du die Dinge annehmen und zufrieden sein, wären da nur nicht all die Dinge, die du auf dem Weg dorthin noch zu erledigen hast. Wenn nur erst die Wohnung abbezahlt, das wichtige Projekt gestemmt, der Garten in Ordnung, die Stillzeit vorbei ist, dann wirst du dich zurücklehnen und ...

Stopp!

Es wird nie alles in Ordnung sein!
Zufriedenheit beginnt jetzt.

Du hast gerade so gar keine Zeit,
tief durchzuatmen?

Tue es trotzdem. Setze dich auf einen Stuhl.
Atme tief ein. Und noch viel länger wieder aus.
Spüre, wie reich beschenkt du bist.

Egal, wie viele Dinge noch auf deiner
To-Do-Liste stehen.

Mo Di Mi Do Fr Sa So / /

Wie fühlst du dich?

Man kann das Leben nicht auf Morgen verschieben.

Mein persönlicher Glücksmoment heute:

Das habe ich Neues über mich gelernt:

Bestandsaufnahme deiner Zufriedenheit

Schreibe auch heute wieder mindestens drei Dinge auf, mit denen du an diesem Tag zufrieden warst und für die du dankbar bist.

Glück kommt von außen,
Zufriedenheit von innen.

Stelle dir auch die Frage: Womit kann ich heute zufrieden sein, auch wenn es nicht perfekt ist?

Mein persönlicher Glücksmoment heute:

Das habe ich Neues über mich gelernt:

Richtig, so wie du bist!

Hörst du sie auch, diese innere Stimme, die dir immer wieder in die Parade fährt und Dinge sagt wie: „Mensch, das war jetzt aber dumm“, „Wie peinlich“, „War ja klar, dass du das nicht schaffst“? Jene Stimme, die all das ausspricht, wovor du Angst hast, was du in deinem tiefsten Herzen befürchtest?

Um zu einem Leben mit mehr Zufriedenheit zu gelangen, wird es Zeit, dass du diese Stimme übertönst.

Tritt vor den Spiegel, blicke dir tief in die Augen und sprich folgende Worte aus:

„Ich bin richtig, so wie ich bin.“

Wiederhole diesen Satz.
Einmal.
Zehnmal.

Aber sprich ihn jedes Mal wieder bewusst aus. Lass ihn nicht zur Phrase werden, sondern spüre jedem Wort nach.

Merkst du, wie dieser Satz die abfälligen Kommentare deines inneren Kritikers übertönt?

Du bist der Architekt deiner eigenen Zufriedenheit.

Wie fühlst du dich?

Übrigens

Gerne darfst du diese Übung jedes Mal wiederholen, wenn dir dein innerer Kritiker irgendwelche Gemeinheiten zurufen will. Irgendwann wirst du ihn gar nicht mehr hören!

Mein persönlicher Glücksmoment heute:

Das habe ich Neues über mich gelernt:

Dein Stachel im Fleisch

Es gibt sie doch, diese eine Sache, die dich nicht schlafen lässt, dein Gewissen belastet, dir keine Ruhe lässt? Der Wermutstropfen in deinem Kelch Zufriedenheit, der sich nicht ignorieren lässt?

Dann setze dich damit auseinander.

Finde eine Lösung.

Und wenn du keine Lösung findest, dann lerne, den Stachel zu akzeptieren.

Das belastet mich:

Gibt es eine Lösung für mich?

Ja ☐ Nein ☐

Ja? Was muss ich unternehmen, um dieser Lösung näher zu kommen?

Nein? Wie kann ich lernen, diese Belastung zu akzeptieren, zu tragen, zu umarmen?

Der Schmerz von heute ist die Stärke von morgen.

Mein persönlicher Glücksmoment heute:

Das habe ich Neues über mich gelernt:

Bestandsaufnahme deiner Zufriedenheit

Schreibe auch heute wieder mindestens drei Dinge auf, mit denen du heute zufrieden warst und für die du dankbar bist.

Wichtig ist, was du über dich denkst.

Stelle dir auch die Frage: Womit kann ich heute zufrieden sein, auch wenn es nicht perfekt ist?

Gehe heute noch einen Schritt weiter und frage dich konkret: Für welche drei Dinge bin ich in meinem Leben dankbar?

-
-
-

Mein persönlicher Glücksmoment heute:

Das habe ich Neues über mich gelernt:

Der wichtige Blick zurück

Wie oft hast du in deinem Leben gedacht: „Jetzt hat mich das Schicksal aber so richtig drangekriegt"? Doch der Blick zurück mit etwas Abstand zeigt dir, wie richtig und wichtig manche vermeintlichen Sackgassen für deinen Lebensweg waren.

Du bist in der siebten Klasse sitzengeblieben? Hast du so nicht deinen besten Freund fürs Leben kennengelernt? Du wurdest bei einer Beförderung übergangen? War das nicht der Grund für dich, dich beruflich neu zu orientieren – und dein Glück zu finden?

Wir müssen ja sowieso denken.
Warum nicht gleich positiv?

Negative Dinge in meinem Leben ...	... die sich als unglaublich positiv herausgestellt haben

Mein persönlicher Glücksmoment heute:

Lebe mit Gefühl

Gefühle machen uns zu Menschen. Denn in ihrer Abhängigkeit von biologischen, chemischen, genetischen und hormonellen Prozessen werden sie in der näheren Zukunft wohl von keinem Ingenieur für Künstliche Intelligenz nachgebaut werden können. Ein Computer mag Millionen von Schachstellungen innerhalb eines Sekundenbruchteils analysieren können, doch das Gefühl, das uns erfüllt, wenn wir am ersten Frühlingstag nach einem langen Winter ins Freie treten oder wenn wir mit den Menschen zusammen sind, die wir am meisten lieben, wird selbst ein Quantencomputer nicht nachvollziehen können.

Schön und gut, magst du dir da denken. Dennoch gehen dir deine Emotionen manchmal ganz schön auf den Geist. Wenn du dich beim Autofahren genervt und wütend über die anderen Verkehrsteilnehmer zu waghalsigen Manövern hast hinreißen lassen. Wenn du deine schlechte Laune an einem Kollegen ausgelassen hast, anstatt einfach tief durchzuatmen. Wenn die Eifersucht dich völlig grundlos einmal mehr zum grünäugigen Monster macht und deine Beziehung belastet.

Und tatsächlich ist unseren Emotionen nicht immer zu trauen. So schickten zwei amerikanische Psychologen in den 1970er Jahren einen Teil ihrer männlichen Probanden über eine Hängebrücke, auf der einem wirklich Angst und Bange werden konnte, die andere Hälfte über eine ganz normale Brücke. Auf jeder der beiden Brücken trafen die Probanden eine junge Frau, die ihnen einige für das Experiment vermeintlich wichtige Fragen stellte und ihnen im Anschluss ihre Telefonnummer gab – für Rückfragen. Von jenen Männern, die die wackelige Brücke überquert hatten, meldeten sich viel mehr bei der Frau, um mit ihr in persönlichen Kontakt zu treten. Offenbar hatten sie das Adrenalin, das ihnen auf der Hängebrücke durch den Körper geschossen war, als Schmetterlinge im Bauch gedeutet … Unsere verrückte Gefühlswelt wieder!

Und dennoch: Ein Leben ohne unsere Emotionen wäre nicht erstrebenswert. Sie sind es erst, die unserem Dasein Farbe verleihen. Sie geben uns Aufschluss über unser Innenleben, darüber, was uns wichtig ist. Sie sind der Kleber in unseren sozialen Beziehungen, wenn wir ihnen auch die Aufmerksamkeit schenken, die sie verdienen, sie richtig einordnen und im Zweifelsfall auch darüber sprechen. Doch gerade die Unfähigkeit oder die mangelnde Bereitschaft, unsere Gefühle auszudrücken, ist Teil eines jeden menschlichen Lebens. Wie oft schlucken wir unsere Enttäuschung, unseren Schmerz herunter, um Streitigkeiten aus dem Weg zu gehen? Wie oft sind wir unfähig, unsere Liebe auszusprechen, etwa unseren Kindern gegenüber, wenn sie nicht mehr fünf, sondern 15 oder 25 sind? Oder unserem Partner gegenüber? Mit Worten, die mehr sind als eine Phrase? Wie oft aber auch schießen wir mit unseren Gefühlen übers Ziel hinaus? Sind jähzornig, wütend, eifersüchtig, manchmal ohne jeden Grund?

Deshalb wollen wir uns in dieser Woche intensiv mit unseren Gefühlen beschäftigen. Wir wollen sie zulassen, beobachten, unangemessene Gefühle erkennen und Dinge aussprechen, die uns auf der Seele brennen.

Das habe ich Neues über mich gelernt:

Lebe deine Gefühle – täglich!

Diese Gefühle habe ich heute ganz bewusst zugelassen:

Über diese Gefühle habe ich heute gesprochen.
Das ist passiert:

Wenn du aufhörst zu fühlen, bist du tot.

Mit diesen Gefühlen bin ich heute etwas übers Ziel hinausgeschossen:

Wie hätte ich anders fühlen können?
Wie hätte ich anders reagieren können?

Mein persönlicher Glücksmoment heute:

Das habe ich Neues über mich gelernt:

Lebe deine Gefühle – täglich!

Diese Gefühle habe ich heute ganz bewusst zugelassen:

Über diese Gefühle habe ich heute gesprochen.
Das ist passiert:

Mit diesen Gefühlen bin ich heute etwas übers Ziel hinausgeschossen:

Wie hätte ich anders fühlen können?
Wie hätte ich anders reagieren können?

Wenn ein Gefühl wieder hoch kommt, dann war es nie weg.

Mein persönlicher Glücksmoment heute:

Das habe ich Neues über mich gelernt:

Lebe deine Gefühle – täglich!

Diese Gefühle habe ich heute ganz bewusst zugelassen:

Über diese Gefühle habe ich heute gesprochen.
Das ist passiert:

Fühlen ist etwas für Mutige.

Mit diesen Gefühlen bin ich heute etwas übers Ziel hinausgeschossen:

Wie hätte ich anders fühlen können?
Wie hätte ich anders reagieren können?

Mein persönlicher Glücksmoment heute:

Das habe ich Neues über mich gelernt:

Lebe deine Gefühle – täglich!

Diese Gefühle habe ich heute ganz bewusst zugelassen:

Über diese Gefühle habe ich heute gesprochen.
Das ist passiert:

Mit diesen Gefühlen bin ich heute etwas übers Ziel hinausgeschossen:

Wie hätte ich anders fühlen können?
Wie hätte ich anders reagieren können?

Wenn du dich selbst verstehen willst, musst du deine Gefühle verstehen.

Mein persönlicher Glücksmoment heute:

Das habe ich Neues über mich gelernt:

Lebe deine Gefühle – täglich!

Diese Gefühle habe ich heute ganz bewusst zugelassen:

Über diese Gefühle habe ich heute gesprochen.
Das ist passiert:

Kein Gefühl klopft an die Tür und fragt: „Passt's dir gerade?"

Mo Di Mi Do Fr Sa So / /

Mit diesen Gefühlen bin ich heute etwas übers Ziel hinausgeschossen:

Wie hätte ich anders fühlen können?
Wie hätte ich anders reagieren können?

Mein persönlicher Glücksmoment heute:

Das habe ich Neues über mich gelernt:

Lebe deine Gefühle – täglich!

Diese Gefühle habe ich heute ganz bewusst zugelassen:

Über diese Gefühle habe ich heute gesprochen.
Das ist passiert:

Fühle deine Gefühle, um sie zu verstehen.

Mit diesen Gefühlen bin ich heute etwas übers Ziel hinausgeschossen:

Wie hätte ich anders fühlen können?
Wie hätte ich anders reagieren können?

Mein persönlicher Glücksmoment heute:

Das habe ich Neues über mich gelernt:

Lebe deine Gefühle – täglich!

Diese Gefühle habe ich heute ganz bewusst zugelassen:

Über diese Gefühle habe ich heute gesprochen.
Das ist passiert:

Leben! Lieben! Lachen!

Mit diesen Gefühlen bin ich heute etwas übers Ziel hinausgeschossen:

Wie hätte ich anders fühlen können?
Wie hätte ich anders reagieren können?

Mein persönlicher Glücksmoment heute:

Wisse, was wichtig ist

Kennst du das „Gorillas in unserer Mitte"-Experiment, das in den 1990er Jahren an der University of Illinois durchgeführt wurde? Kern dieses Versuchs war ein etwa einminütiges Video. Es zeigte eine Gruppe von Basketballspielern, die eine Hälfte in weißen, die andere in schwarzen T-Shirts. Diese Spieler wuselten wild durcheinander und passten sich dabei einen Ball zu. Die Aufgabe für die Probanden lautete: „Zähle die Anzahl der Pässe der weißen Spieler". Durchaus keine leichte Sache. Es war also vollste Konzentration erforderlich. Was deshalb den wenigsten Experimentteilnehmern auffiel: Nach etwa drei Viertel der Zeit lief ein schwarzer Gorilla durchs Bild, winkte sogar noch frech in die Kamera – und verschwand wieder. Die Probanden waren mit ihrer Aufmerksamkeit so auf die Aufgabe fokussiert, dass sie den Gorilla gar nicht bemerkt hatten.

Auf den ersten Blick ganz schön seltsam. Vor allem wenn man sich das Video einmal anschaut (du findest es online, wenn du zum Beispiel nach „Gorilla in unserer Mitte" suchst), bei dem der Gorilla im Grunde unübersehbar scheint. Doch geht es uns in unserem Leben nicht manchmal genauso? Dass wir den Wald vor lauter Bäumen nicht sehen? Dass wir uns in vermeintlich wichtige Details eines Projekts verbeißen und das große Ganze aus den Augen verlieren? Dass wir verbissen die finanziellen, materiellen Entwicklungen unseres Daseins verfolgen und den Gorilla (sinnbildlich für Überlastung, emotionale Überforderung, Entfremdung), der frech durch den Raum rennt, nicht erkennen können?

Lass uns in dieser Woche gemeinsam herausfinden, welche Dinge dir im Leben wichtig sind, damit du den Fokus darauf richten und wertorientiert handeln kannst. Die folgenden Seiten laden dich dazu ein, dir deine Prioritäten bewusst zu machen, damit sie nicht wie der Gorilla im wilden Passspiel des Lebens einfach untergehen. Denn deine Zeit ist viel zu kostbar.

Mo Di Mi Do Fr Sa So / /

Das habe ich Neues über mich gelernt:

Deine begrenzte Zeit

Wenn du nur noch eine Woche zu leben hättest:
Welche fünf Dinge würdest du tun?

-
-
-
-
-

Vertue nicht deine Zeit mit den unwichtigen Dingen des Lebens.

Mein persönlicher Glücksmoment heute:

Mo Di Mi Do Fr Sa So ____ / ____ / ____

Das habe ich Neues über mich gelernt:

Lebe jeden Tag!

Was hast du heute für diese wichtigen, aber manchmal übersehenen Dinge in deinem Leben getan?

Was hättest du noch besser machen können?

Zeit ist das schönste Geschenk.

Mein persönlicher Glücksmoment heute:

Das habe ich Neues über mich gelernt:

Lebe jeden Tag!

Was hast du heute für diese wichtigen, aber manchmal übersehenen Dinge in deinem Leben getan?

Was hättest du noch besser machen können?

Aufmerksam sein – für das, was zählt.

Mein persönlicher Glücksmoment heute:

Mo Di Mi Do Fr Sa So / /

Das habe ich Neues über mich gelernt:

Lebe jeden Tag!

Was hast du heute für diese wichtigen, aber manchmal übersehenen Dinge in deinem Leben getan?

Was hättest du noch besser machen können?

Wichtig im Leben sind jene Dinge, die dich lächelnd zurückblicken lassen.

Mein persönlicher Glücksmoment heute:

Das habe ich Neues über mich gelernt:

Lebe jeden Tag!

Was hast du heute für diese wichtigen, aber manchmal übersehenen Dinge in deinem Leben getan?

Was hättest du noch besser machen können?

Die Zeit ist kürzer, als du denkst.

Mein persönlicher Glücksmoment heute:

Mo Di Mi Do Fr Sa So / /

Das habe ich Neues über mich gelernt:

Lebe jeden Tag!

Was hast du heute für diese wichtigen, aber manchmal übersehenen Dinge in deinem Leben getan?

Was hättest du noch besser machen können?

Du bist wichtig.

Mein persönlicher Glücksmoment heute:

Das habe ich Neues über mich gelernt:

Lebe jeden Tag!

Was hast du heute für diese wichtigen, aber manchmal übersehenen Dinge in deinem Leben getan?

Was hättest du noch besser machen können?

Es ist nicht wichtig, alles richtig zu machen, sondern dabei glücklich zu sein.

Mein persönlicher Glücksmoment heute:

Du und die anderen

Der Mensch ist ein soziales Wesen. Ohne einander, auf uns allein gestellt, würden wir nicht überleben. Das war schon vor Jahrtausenden so, Auge in Auge mit dem Säbelzahntiger, und das ist auch heute noch so, wenn immer mehr Menschen unter der Vereinzelung in unserer Gesellschaft leiden und an Depressionen erkranken. Auch den wirtschaftlichen Erfolg der Menschheit hat das arbeitsteilige Miteinander erst möglich gemacht. Wenn nicht jeder Metzger, Schuster, Arzt sein muss, sondern das macht, was er am besten kann, profitiert nicht nur der Einzelne, sondern die ganze Gesellschaft davon.

Andere Menschen sind also für den Menschen ein wahrer Segen. Gleichzeitig reicht schon ein Blick in die Sozialen Medien, in denen Freunde tagtäglich Dinge posten wie „Wer den ganzen Tag mit Menschen zu tun hat, hat abends keine Lust mehr auf sie" oder „Menschen. Sie machen so unglaublich müde", um zu erkennen, wie schwer das zwischenmenschliche Miteinander manchmal auch für uns sein kann. Denn ja, Menschen können uns unglaublich müde machen, aufreiben, zerfressen. Wenn sie unsere Erwartungen nicht erfüllen, unseren hohen Ansprüchen nicht gerecht werden. Wie oft streiten wir mit unserem Partner, weil er uns die liebevollen Aufmerksamkeiten, die wir zu verdienen glauben, nicht erweist? Weil er die Kinder so viel seltener ins Bett bringt? Und den Müll sowieso nicht raus? Oder wir hadern mit Arbeitskollegen, die ja sowieso den Hintern nicht hochbekommen, und dem Chef, der das alles nicht sieht. Und dann ist da noch der Neid auf Menschen, die es vermeintlich besser getroffen haben. Unverdient. Vielleicht auch verdient. Aber haben wir das nicht auch?

In dieser Woche wollen wir uns mit deinen zwischenmenschlichen Beziehungen auseinandersetzen, und zwar besonders mit deiner Enttäuschung und deinem Neid. Denn es gibt durchaus Denkmuster, die du ändern, Handlungen, die du in Angriff nehmen kannst, um dich von diesen Gefühlen nicht auffressen zu lassen.

Du bist enttäuscht von deinem Partner? Wie wäre es, deine Erwartungen realistischer zu gestalten? Mal ehrlich: Wie viele kleine liebevolle Aufmerksamkeiten lässt du ihm täglich zuteil werden? Ein anderer Ansatz wäre, deinen Fokus zu ändern, weniger defizitorientiert zu denken: Natürlich ist der Kollege in manchen Bereichen nicht so leistungsstark wie du, aber in welchen Bereichen ist auf ihn durchaus Verlass? Und schließlich bleibt dir auch die Option, konkret zu handeln: Dein Chef sieht nicht, was du leistest? Geh zu ihm und sag es ihm!

Und zum Thema Neid: Ziemlich sicher findest du, wenn du genauer hinschaust, viele gute Gründe, nicht auf deine Mitmenschen neidisch zu sein, weil für manches eben auch ein sehr hoher Preis gezahlt werden muss. Und vor allem fallen dir bestimmt auch viele gute Gründe ein, weshalb man auf dich neidisch sein könnte.

Bist du bereit? Wir fangen am besten gleich damit an …

Das habe ich Neues über mich gelernt:

Miteinander im Alltag

Enttäuschung

Dieses Verhalten meines Mitmenschen hat mich heute enttäuscht:

So habe ich meinen Fokus oder meine Erwartungen geändert, um die Situation in einem anderen Licht zu sehen:

Was habe ich getan oder was kann ich tun, um diese Ausgangslage zum Positiven zu wenden?

Neid

Deshalb war ich heute neidisch:

Deshalb würde ich dennoch nicht gerne mit dieser Person tauschen:

Ein guter Grund, um am heutigen Tag auf mich neidisch zu sein:

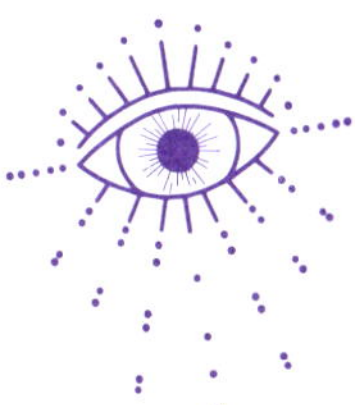

Du weißt nie, was sich hinter dem schönen Schein verbirgt.

Mein persönlicher Glücksmoment heute:

Das habe ich Neues über mich gelernt:

Miteinander im Alltag

Dieses Verhalten meines Mitmenschen hat mich heute enttäuscht:

Enttäuschung

So habe ich meinen Fokus oder meine Erwartungen geändert, um die Situation in einem anderen Licht zu sehen:

Was habe ich getan oder was kann ich tun, um diese Ausgangslage zum Positiven zu wenden?

Neid

Deshalb war ich heute neidisch:

Deshalb würde ich dennoch nicht gerne mit dieser Person tauschen:

Ein guter Grund, um am heutigen Tag auf mich neidisch zu sein:

Erwarte wenig, nur dann kannst du positiv überrascht werden.

Mein persönlicher Glücksmoment heute:

Das habe ich Neues über mich gelernt:

Miteinander im Alltag

Enttäuschung

Dieses Verhalten meines Mitmenschen hat mich heute enttäuscht:

So habe ich meinen Fokus oder meine Erwartungen geändert, um die Situation in einem anderen Licht zu sehen:

Was habe ich getan oder was kann ich tun, um diese Ausgangslage zum Positiven zu wenden?

Neid

Deshalb war ich heute neidisch:

Deshalb würde ich dennoch nicht gerne mit dieser Person tauschen:

Ein guter Grund, um am heutigen Tag auf mich neidisch zu sein:

Vergiss im Umgang mit anderen Menschen nicht die Menschlichkeit.

Mein persönlicher Glücksmoment heute:

Das habe ich Neues über mich gelernt:

Miteinander im Alltag

Enttäuschung

Dieses Verhalten meines Mitmenschen hat mich heute enttäuscht:

So habe ich meinen Fokus oder meine Erwartungen geändert, um die Situation in einem anderen Licht zu sehen:

Was habe ich getan oder was kann ich tun, um diese Ausgangslage zum Positiven zu wenden?

Neid

Deshalb war ich heute neidisch:

Deshalb würde ich dennoch nicht gerne mit dieser Person tauschen:

Ein guter Grund, um am heutigen Tag auf mich neidisch zu sein:

Niemand ist perfekt. Du nicht. Und auch nicht die anderen.

Mein persönlicher Glücksmoment heute:

Das habe ich Neues über mich gelernt:

Miteinander im Alltag

Enttäuschung

Dieses Verhalten meines Mitmenschen hat mich heute enttäuscht:

So habe ich meinen Fokus oder meine Erwartungen geändert, um die Situation in einem anderen Licht zu sehen:

Was habe ich getan oder was kann ich tun, um diese Ausgangslage zum Positiven zu wenden?

Neid

Deshalb war ich heute neidisch:

Deshalb würde ich dennoch nicht gerne mit dieser Person tauschen:

Ein guter Grund, um am heutigen Tag auf mich neidisch zu sein:

Neid zerfrisst dich nur.

Mein persönlicher Glücksmoment heute:

Das habe ich Neues über mich gelernt:

Miteinander im Alltag

Enttäuschung

Dieses Verhalten meines Mitmenschen hat mich heute enttäuscht:

So habe ich meinen Fokus oder meine Erwartungen geändert, um die Situation in einem anderen Licht zu sehen:

Was habe ich getan oder was kann ich tun, um diese Ausgangslage zum Positiven zu wenden?

Neid

Deshalb war ich heute neidisch:

Deshalb würde ich dennoch nicht gerne mit dieser Person tauschen:

Ein guter Grund, um am heutigen Tag auf mich neidisch zu sein:

Warum sind wir mit jenen, die wir lieben, so häufig am strengsten?

Mein persönlicher Glücksmoment heute:

Das habe ich Neues über mich gelernt:

Miteinander im Alltag

Enttäuschung

Dieses Verhalten meines Mitmenschen hat mich heute enttäuscht:

So habe ich meinen Fokus oder meine Erwartungen geändert, um die Situation in einem anderen Licht zu sehen:

Was habe ich getan oder was kann ich tun, um diese Ausgangslage zum Positiven zu wenden?

Neid

Deshalb war ich heute neidisch:

Deshalb würde ich dennoch nicht gerne mit dieser Person tauschen:

Ein guter Grund, um am heutigen Tag auf mich neidisch zu sein:

Hör auf dein Herz, nicht auf deinen Neid.

Mein persönlicher Glücksmoment heute:

Sei hilfsbereit

Ich gebe es zu: Wir haben in der vergangenen Woche mit einer eher düsteren Seite des zwischenmenschlichen Miteinanders begonnen. Dem Neid, der Enttäuschung, den zu hohen Ansprüchen gegenüber unseren Mitmenschen. Doch indem du in den letzten Tagen an dir gearbeitet hast, ist im Panzer deines Herzens ein Spalt entstanden. Ein Riss, der Platz macht für eine der schönsten Geschenke im zwischenmenschlichen Miteinander: die Hilfsbereitschaft.

Dabei ist es doch ein großartiges Gefühl, wenn dir jemand hilft, deine überfüllten Einkaufstaschen in die U-Bahn zu hieven, nachdem du dich bei deinem Wocheneinkauf einmal wieder total verschätzt hast. Wenn dich jemand an der Supermarktkasse vorlässt, weil du wirklich nur einen Joghurt zu bezahlen hast. Wenn dir jemand auf der Straße seine Hilfe anbietet, wenn du völlig desorientiert mit Blick auf die Karten-App durch die Gegend stolperst, aber zu stolz bist, nach dem Weg zu fragen.

Diese Woche bist du dazu eingeladen, dieses kleine Glück auch in das Leben deiner Mitmenschen hineinzutragen. Ein wichtiger Punkt dabei: Nimm es nicht persönlich, wenn jemand deine Hilfe zurückweist! Wenn eine alte Frau sich nicht die Tasche von dir tragen lassen will, hat das nichts mit dir persönlich zu tun, sondern damit, dass deine Geste möglicherweise so ungewöhnlich und selten geworden ist, dass sie dahinter nur einen faulen Trick vermutet. Wenn wir jedoch alle wieder häufiger helfend die Hand ausstrecken, dann wird eine solche Geste kein Misstrauen mehr erwecken.

Außerdem ein wichtiger Hinweis: Diese Zeilen hier sind durchaus kein Freibrief zur Selbstaufopferung. Es soll in dieser Woche ganz klar um die kleinen Dinge gehen, die du, ohne dir selbst ein Bein auszureißen, in deinen Alltag einbauen kannst – die kleinen Gesten, die dein Leben so viel schöner machen. Nur leider haben wir sie inzwischen verlernt.

Bist du bereit, Hilfsbereitschaft neu zu erlernen? Auch für die Zukunft – nach diesen sieben Tagen.

Mo Di Mi Do Fr Sa So / /

Das habe ich Neues über mich gelernt:

Eine helfende Hand

So habe ich heute jemandem geholfen:

Das habe ich dabei gefühlt:

Diese Reaktion habe ich dafür erhalten:

Freundlichkeit kostet nichts.

Mein persönlicher Glücksmoment heute:

Mo Di Mi Do Fr Sa So / /

Das habe ich Neues über mich gelernt:

Eine helfende Hand

So habe ich heute jemandem geholfen:

Das habe ich dabei gefühlt:

Diese Reaktion habe ich dafür erhalten:

Sei hilfsbereit, aber opfere dich nicht auf.

Mein persönlicher Glücksmoment heute:

Das habe ich Neues über mich gelernt:

Eine helfende Hand

So habe ich heute jemandem geholfen:

Das habe ich dabei gefühlt:

Diese Reaktion habe ich dafür erhalten:

Handle auf eine Art und Weise, von der du dir wünschst, dass ein jeder Mensch so handelt.

Mein persönlicher Glücksmoment heute:

Mo Di Mi Do Fr Sa So / /

Das habe ich Neues über mich gelernt:

Eine helfende Hand

So habe ich heute jemandem geholfen:

Das habe ich dabei gefühlt:

Diese Reaktion habe ich dafür erhalten:

Dein mitfühlendes Herz macht dich zu einem echten Menschen.

Mein persönlicher Glücksmoment heute:

Das habe ich Neues über mich gelernt:

Eine helfende Hand

So habe ich heute jemandem geholfen:

Das habe ich dabei gefühlt:

Diese Reaktion habe ich dafür erhalten:

Hoffe viel, aber erwarte es nicht.

Mein persönlicher Glücksmoment heute:

Mo Di Mi Do Fr Sa So / /

Das habe ich Neues über mich gelernt:

Eine helfende Hand

So habe ich heute jemandem geholfen:

Das habe ich dabei gefühlt:

Diese Reaktion habe ich dafür erhalten:

Einander helfen heißt die Welt verändern.

Mein persönlicher Glücksmoment heute:

Das habe ich Neues über mich gelernt:

Eine helfende Hand

So habe ich heute jemandem geholfen:

Das habe ich dabei gefühlt:

Diese Reaktion habe ich dafür erhalten:

Vergiss beim Helfen nicht, an dich selbst zu denken.

Mein persönlicher Glücksmoment heute:

Sei zu faul zum Suchen

„Nur dumme Menschen halten Ordnung, Genies überblicken das Chaos", „Wer Ordnung hält, ist nur zu faul zum Suchen", „Ordnung ist das halbe Leben – ich habe mich für die andere Hälfte entschieden". Diese Sprüche hast du bestimmt schon mal irgendwo gelesen oder gehört.

Ordnung und Ordnungsliebe haben in den letzten Jahren, ja Jahrzehnten, so einiges an Ansehen eingebüßt. Sie gelten als die fragwürdigen Tugenden der Pedanten, die auch Knickfalten in ihre Jeans bügeln. Und tatsächlich haben Forscher zeigen können, dass uns Unordnung kreativer macht. Eine nicht aufgeräumte Umgebung, die also gegen die Gesetze der Ordnung verstößt, gibt auch unserem Gehirn die Erlaubnis die alten, ausgetretenen Wege zu verlassen und neue Dinge, neue Ideen auszuprobieren.

Und dennoch: Kennst du das Gefühl, wenn du vor lauter „Dingen" in deinem Leben dein eigentliches Leben gar nicht mehr siehst? Wenn du im Krimskrams zu ersticken drohst, unter Geschenken, die du aus reiner Sentimentalität nicht wegwerfen kannst? Oder, um es mit einem bekannteren Bild auszudrücken: Wenn du einen rappelvollen Kleiderschrank hast, aber nichts anzuziehen?

Möglicherweise steckst du in einer verzwickten Situation, denn so ganz grundsätzlich siehst du das ja genauso, aber diesen Pulli, den du wirklich seit Jahren nicht mehr angezogen hast, kannst du nicht wegwerfen, egal wie verwaschen und aus der Form er ist. Schließlich erinnert er dich an die erste Begegnung mit deinem Freund oder deiner Freundin.

Aber wie sieht es aus mit jenen Bereichen deines Lebens, in denen du Unordnung auch ganz subjektiv nichts Positives abgewinnen kannst? Im Badezimmer, wenn du vor lauter Kosmetika, die du nur alle paar Jubeljahre verwendest, kaum mehr Platz findest für jene Dinge, die du täglich brauchst. Ja, der pinke Lippenstift sah im Geschäft damals wirklich großartig aus, aber brauchst du ihn wirklich, wenn du dich sowieso nicht traust, ihn zu tragen? Oder wenn du angesichts sich stapelnder Papiertürme, die du endlich ablegen oder – noch schlimmer – bearbeiten und beantworten müsstest, deinen Schreibtisch kaum mehr benutzen kannst oder willst?

Du hast voller Unbehagen genickt? Damit bist du nicht allein. Vielen von uns geht es so. Denn obwohl eine unordentliche Umgebung unsere Offenheit für Neues steigern kann und es manchmal durchaus Sinn macht, das Chaos zu umarmen, haben Forscher auch zeigen können, dass eine unordentliche Umgebung uns ein ganz grundsätzliches Gefühl von Unsicherheit und Unwohlsein vermitteln kann. Probanden aßen in so einer Umgebung viel mehr ungesunde Snacks und waren nach einem Aufenthalt im Tohuwabohu sogar weniger bereit für einen guten Zweck zu spenden.

Sind das nicht überzeugende Gründe, ein wenig Ordnung in dein Leben zu bringen? Stelle dir das großartige Gefühl vor, den Schrank zu öffnen, ohne dass dir etwas entgegenpurzelt, und nur Kleidung zu sehen, die du wirklich tragen möchtest! Oder an einem aufgeräumten Schreibtisch ohne drohenden To-Do-Stapel konzentriert arbeiten zu können? In der Küche sich nicht durch einen Berg abgelaufener Lebensmittel wühlen zu müssen, die doch noch „irgendwie gut“ sind.

Keine Sorge, dir steht keine großangelegte Wegwerfaktion bevor. Aber freue dich auf einen Lebensraum, in dem du von einer Last befreit aufatmen kannst – von einer Last, die du bisher vielleicht gar nicht gespürt hast. In einem Leben, in dem du zu faul sein darfst zum Suchen.

Ich lade dich ein, in der folgenden Woche in drei „Wellen“ vorzugehen. Wir werden uns jeweils zwei Tage zunächst mit Küche und Bad, dann mit deinem Kleiderschrank und Wohnzimmer und schließlich mit dem Arbeitszimmer und den restlichen Bereichen beschäftigen. Dann werden wir diese von unnötigem Ballast befreien, putzen und schließlich sinnvoll neu sortieren und auch alte, kaputte Dinge ersetzen.

Bist du bereit für ein befreiteres Leben?

Das habe ich Neues über mich gelernt:

Küche und Bad: wegwerfen und putzen

Beginnen wir heute mit Küche und Bad.
Ein paar Tipps vorweg:

- Ja, manche Dinge sind wirklich noch gut, auch wenn sie abgelaufen sind. Aber was wirst du tatsächlich nie mehr brauchen? Dazu gehören übrigens auch Geräte und Werkzeuge, die du *nie* verwendest ...
- Die Empfehlungen, wie lange Kosmetika nach dem Anbrechen verwendet werden sollen, sind verrückt kurz. Bei Mascara sind es zum Beispiel in der Regel nur drei Monate. Daran musst du dich nicht sklavisch halten, aber die drei Jahre alte, bereits angebrochene Haarkur solltest du vielleicht doch wegwerfen ...

Von diesen drei Dingen fiel es mir am schwersten, mich zu trennen:

- ______
- ______
- ______

So fühle ich mich jetzt:

Und warum jetzt putzen?

Weil es am leichtesten geht,
wenn alles ordentlich ist!

Ordnung im Leben ist Ordnung im Kopf.

Mein persönlicher Glücksmoment heute:

Das habe ich Neues über mich gelernt:

Küche und Bad: neu sortieren und ersetzen

So habe ich meinen Krimskrams viel logischer sortiert:

Diese Dinge muss ich unbedingt noch ersetzen:

So fühle ich mich angesichts der völlig neuen Ordnung in meinem Leben:

Endlich Platz für die wichtigen Dinge in deinem Leben.

Mein persönlicher Glücksmoment heute:

Das habe ich Neues über mich gelernt:

Kleiderschrank und Wohnzimmer: wegwerfen und putzen

Von diesen drei Dingen fiel es mir am schwersten, mich zu trennen:

-
-
-

So fühle ich mich jetzt:

Bücher wegwerfen?

Ja, aber: Bei Büchern bin ich großzügig. Behalte all jene, die dir ans Herz gewachsen sind. Als Dank machen sie dir deine Wohnung wohnlich. Den Rest kannst du spenden oder online verkaufen. So können sie einen anderen Menschen glücklich machen.

Was dich nicht erfreut, ist nur eine Last.

Mein persönlicher Glücksmoment heute:

Das habe ich Neues über mich gelernt:

Kleiderschrank und Wohnzimmer: neu sortieren und ersetzen

Beim Sortieren deiner vielen Jeans fällt dir auf, dass du eigentlich nur zwei davon wirklich oft trägst, und eine davon ist schon ziemlich zerschlissen. Also weg damit!

Überlege, ob du eine neue brauchst oder ob nun die anderen Jeans in deinem Schrank eine Chance bekommen.

Was musst du auf jeden Fall neu besorgen?

So fühle ich mich angesichts der völlig neuen Ordnung in meinem Leben:

*Du hast die Kräfte dazu,
du musst sie nur mobilisieren.*

Mein persönlicher Glücksmoment heute:

Das habe ich Neues über mich gelernt:

Arbeitszimmer und der Rest: wegwerfen und putzen

Diese drei Aufgaben auf meiner To-Do-Liste kommen mir am schwierigsten zu bewältigen vor:

-
-
-

So stelle ich mir vor, dass ich mich fühlen werde, nachdem ich sie erledigt habe:

Mo Di Mi Do Fr Sa So / /

Geschafft! So fühle ich mich tatsächlich:

Der Berg ist steil,
aber umso größer die Freude,
ihn bewältigt zu haben.

Mein persönlicher Glücksmoment heute:

Das habe ich Neues über mich gelernt:

Arbeitszimmer und der Rest: neu sortieren und ersetzen

Die wichtigen Dinge zur Hand

Wo liegen deine Arbeitszeugnisse? Deine Geburtsurkunde? Wo hast du die Police für die Lebensversicherung abgelegt? Beschäftige dich **jetzt** mit all diesen Dingen. Nicht erst, wenn du sie einmal brauchst und dann unter Strom stehst.

Diese Dinge muss ich heute noch unbedingt besorgen oder auf den Weg bringen:

So fühle ich mich angesichts der völlig neuen Ordnung in meinem Leben:

Lieber heute als morgen.

Mein persönlicher Glücksmoment heute:

Das habe ich Neues über mich gelernt:

Geschafft?!

Diese Dinge habe ich den vergangenen Tagen nicht geschafft und werde ich heute und in den nächsten Tagen noch erledigen:

-
-
-
-
-
-
-
-
-
-

Work hard, chill hard.

Du hast alles geschafft? Jetzt ist Entspannung angesagt.

Das werde ich heute tun, um mich für die harte Arbeit der letzten Tage zu belohnen:

Mein persönlicher Glücksmoment heute:

Liebe deinen Körper

Es ist manchmal durchaus nicht leicht, seinen Körper zu lieben. Wenn man durch die einschlägigen Klatschzeitschriften geblättert und angesichts meterlanger Beine und schmalster Taillen so gar keine Lust mehr hat, anders als in einem Ganzkörpersack das Haus zu verlassen. Wenn der Zahnarzt beim Bohren das fragwürdige Kompliment macht: „Für Ihr Alter sind Ihre Zähne wirklich ganz gut", während von den Magazinen im Wartezimmer die weißen Zahnreihen strahlen. Wenn Demi Moore immer noch aussieht wie in *Ghost*, und sich um die eigenen Augen die Krähenfüße reihen. Natürlich wissen wir, dass all die Bilder in den Zeitschriften mehr als großzügig bearbeitet sind. Und dennoch macht dieses Bewusstsein unsere Dehnungsstreifen, die Falten und die Schmerzen beim Aufstehen nicht wirklich besser. Statt unseren Körper zu lieben, ließe sich das Verhältnis zu ihm wohl eher mit dem Begriff „Unmut" beschreiben – wegen seiner Unzulänglichkeiten, seinem Mangel an Perfektion.

Aber hast du dir schon einmal bewusst gemacht, was dieser unperfekte, unzulängliche Körper für dich ist? Du *bist* dieser Körper! Du kommst, so sehr du dich womöglich über ihn ärgerst, nicht von ihm los. Du magst, je nach spiritueller Ausrichtung, dein Gehirn, dein Herz, deine Seele als Sitz deiner Persönlichkeit sehen, aber ohne deinen Körper ist dein Dasein nicht vollständig. Du brauchst ihn, um überhaupt existieren zu können. Es sind diese Beine, die dich durchs Leben tragen, auch wenn sie möglicherweise das kleine Bisschen „zu dick" sind, um verbreiteten Schönheitsstandards zu entsprechen. Es sind diese Arme voll „Winkfleisch", mit denen du deine Kinder an dich drückst, an jene Brust, die vielleicht nicht mehr so ist, wie du sie dir wünschst. Aber wie soll sie das auch, nach monatelangem Stillen? Auch wenn du dir dessen nicht immer bewusst bist: Dein Körper ist dein Freund. Kein Feind, der dir das Leben schwer macht, sondern der Grundlage deines

Lebens ist, wenn deine Haut dich atmen lässt (auch wenn nun feine Lebenszeugnisse sie durchziehen), wenn dein Bauch, der möglicherweise nicht mehr ganz so straff ist, deine wichtigsten Organe beschützt und bewahrt.

Mach dir diese Freundschaftsdienste bewusst und pflege die wertschätzende Verbindung zu deinem Körper, auch, oder besonders wenn er nicht perfekt ist. Wie oft hast du ihn nicht in den vergangenen Jahren stiefmütterlich behandelt, hast ihn, der gemacht ist für lange Spaziergänge, Dauerläufe gar, zum Turnen und Toben, am Schreibtisch oder auf dem Sofa verkümmern lassen. Du versteckst ihn womöglich unter Make-up und bist am Abend zu müde, um ihm wenigstens den Dienst zu erweisen, ihn abzuschminken.

Dieses Kapitel jedoch lädt dich ein, dich von der irrigen Vorstellung zu verabschieden, dass es ja „nur" dein Körper ist, den du so quälst. Es soll dir seine Bedeutung für dein Dasein bewusstmachen und helfen anzuerkennen, was dieser gute Freund für dich tut – und ihn im Gegenzug zu fordern, gesund zu ernähren und zu pflegen.

Denn seine Gesundheit, *deine* Gesundheit, ist eines der wichtigsten Güter, das du hast ...

Das habe ich Neues über mich gelernt:

Ich liebe meinen Körper!

Mein Körper ist mein Freund, weil ...

Was hast du heute getan, um deinen Körper zu stärken und zu fordern?

Friede mit sich selbst heißt, sich gut um seinen Körper und seine Seele zu kümmern.

Was hast du heute getan, um deinen Körper gut zu nähren?

Was hast du heute getan, um deinen Körper zu pflegen?

Mein persönlicher Glücksmoment heute:

Das habe ich Neues über mich gelernt:

Ich liebe meinen Körper!

Mein Körper ist mein Freund, weil ...

Was hast du heute getan, um deinen Körper zu stärken und zu fordern?

Mo Di Mi Do Fr Sa So ___ / ___ / ___

Was hast du heute getan, um deinen Körper gut zu nähren?

Was hast du heute getan, um deinen Körper zu pflegen?

Das höchste Glück: In den Spiegel sehen und sich lieben können.

Mein persönlicher Glücksmoment heute:

Das habe ich Neues über mich gelernt:

Ich liebe meinen Körper!

Mein Körper ist mein Freund, weil ...

Was hast du heute getan, um deinen Körper zu stärken und zu fordern?

Mit der Gesundheit ist es wie mit dem Salz:
Man bemerkt nur, wenn es fehlt.
Aus Italien

Was hast du heute getan, um deinen Körper gut zu nähren?

Was hast du heute getan, um deinen Körper zu pflegen?

Mein persönlicher Glücksmoment heute:

Das habe ich Neues über mich gelernt:

Ich liebe meinen Körper!

Mein Körper ist mein Freund, weil …

Was hast du heute getan, um deinen Körper zu stärken und zu fordern?

Die Seele wohnt am liebsten in einem Körper, der geschätzt wird.

Was hast du heute getan, um deinen Körper gut zu nähren?

Was hast du heute getan, um deinen Körper zu pflegen?

Mein persönlicher Glücksmoment heute:

Das habe ich Neues über mich gelernt:

Ich liebe meinen Körper!

Mein Körper ist mein Freund, weil …

Was hast du heute getan, um deinen Körper zu stärken und zu fordern?

Was hast du heute getan, um deinen Körper gut zu nähren?

Was hast du heute getan, um deinen Körper zu pflegen?

Die wahre Schönheit kommt von innen.

Mein persönlicher Glücksmoment heute:

Das habe ich Neues über mich gelernt:

Ich liebe meinen Körper!

Mein Körper ist mein Freund, weil ...

Was hast du heute getan, um deinen Körper zu stärken und zu fordern?

„Gesundheit ist nicht alles, aber ohne Gesundheit ist alles nichts."
Arthur Schopenhauer

Was hast du heute getan, um deinen Körper gut zu nähren?

Was hast du heute getan, um deinen Körper zu pflegen?

Mein persönlicher Glücksmoment heute:

Das habe ich Neues über mich gelernt:

Ich liebe meinen Körper!

Mein Körper ist mein Freund, weil ...

Was hast du heute getan, um deinen Körper zu stärken und zu fordern?

Was hast du heute getan, um deinen Körper gut zu nähren?

Was hast du heute getan, um deinen Körper zu pflegen?

Was für ein Glück, gesund aufzuwachen.

Mein persönlicher Glücksmoment heute:

Setze dir Ziele

In Woche 4 warst du dazu eingeladen, dich mit den Prioritäten in deinem Leben auseinanderzusetzen. Dich zu fragen, was dir wirklich wichtig ist – und herauszufinden, ob du in deinem Alltag auch entsprechend diesen Prioritäten handelst und wie du dein Verhalten ändern kannst, um das auch in Zukunft zu gewährleisten. Es ging hier um die zentralen Elemente deines Lebens, den Hafen, in den dein Lebensschiff steuern soll, den Nordstern, der deine Wege lenkt.

Was aber ist mit all den anderen nicht ganz so hehren, aber häufig nicht weniger wichtigen Zielen, die wir uns in unserem Leben setzen: zum Beispiel diesen Sommer doch wieder in das herrliche rote Kleid zu passen. Mit dem Fahrrad die Alpen zu überqueren. Eine Fremdsprache zu lernen. Es sind diese kleinen (oder nicht ganz so kleinen) Herausforderungen, die unserem Leben den besonderen Kick geben, den Alltag durchbrechen und uns dazu motivieren, uns nicht einfach durch unser Leben treiben zu lassen, sondern das Beste aus unseren Möglichkeiten zu machen, ja, über uns selbst hinauszuwachsen.

Dabei geht es nicht darum, sich in den Strudel der Ernährungs-, Sport- und Business-Challenges zu stürzen und sich in seinem Selbstwertgefühl abhängig zu machen von den Likes unserer Follower auf Facebook, Instagram und Co. Es geht nicht um Selbstdarstellung, sondern darum, zu erkennen, wovon *du* träumst, zu wissen, was *du* schon immer erreichen wolltest, und herauszufinden, wozu *du* im Stande bist.

Lass dich dabei nicht einschüchtern von Vorurteilen – Vorurteilen in dir selbst, aber auch Vorurteilen deiner Mitmenschen: „In deinem Alter ist es einfach extrem schwer, eine Fremdsprache zu lernen!“ Wirklich? Probiere es aus und verlasse dich nicht aufs Hörensagen.

Einfach losgehen und machen also? Nein. Bevor du dich in blinden Aktionismus stürzt, bist du auf der nächsten Doppelseite dazu eingeladen, herauszufinden, was deine Wünsche und Träume wirklich sind und Ziele zu formulieren, die dich motivieren, antreiben und fordern. Sie sollen dir auf diese Art und Weise die Möglichkeit geben, deine schönsten Träume auch wirklich wahr werden zu lassen und dich in den darauffolgenden Tagen auf den Weg dorthin zu machen ...

Das habe ich Neues über mich gelernt:

Auf dem Weg zum Ziel

Wovon träumst du?

Bevor du dein Ziel formulierst …

Wichtig: Dein Ziel sollte „smart" sein. „SMART" ist ein Begriff aus der Managementsprache. Dabei steht „S" für „spezifisch". Dein Ziel soll also so konkret wie möglich sein. Sage nicht: „Ich will anfangen zu laufen", sondern: „Ich will drei Mal die Woche mindestens vier Kilometer joggen."

„M" steht wiederum für „messbar". „Ich will weniger trinken" ist nicht messbar, die Aussage „Ich will nur noch am Wochenende Alkohol trinken, und dann höchstens ein Glas Wein am Abend" dagegen schon.

„A" heißt, dass deine Ziele „attraktiv" sein sollten. „R" steht für „realistisch". Mal ehrlich: Muss es wirklich Kleidergröße 36 sein, in die du wieder passen willst? Würde 38 nicht auch großartig aussehen?

Und zuletzt „T" wie „terminiert". Es geht um einen konkreten Zeitpunkt: Wie lange willst du durchhalten? Bis wann willst du dein Ziel erreicht haben?

Mein konkretes Ziel:

Was brauche ich, um dieses konkrete Ziel auch wirklich zu erreichen?

„Wer den Hafen nicht kennt,
in den er segeln will,
für den ist kein Wind der richtige."

Seneca

Mein persönlicher Glücksmoment heute:

Mo Di Mi Do Fr Sa So ____ / ____ / ____

Das habe ich Neues über mich gelernt:

Auf dem Weg zum Ziel

Diese Sache habe ich heute getan, um meinem Ziel einen Schritt näher zu kommen:

Das hier hätte ich noch besser machen können:

So fühle ich mich:

Deine Ziele verraten, wer du bist.

Mein persönlicher Glücksmoment heute:

Das habe ich Neues über mich gelernt:

Auf dem Weg zum Ziel

Diese Sache habe ich heute getan, um meinem Ziel einen Schritt näher zu kommen:

Das hier hätte ich noch besser machen können:

So fühle ich mich:

Ändere notfalls den Plan, aber niemals das Ziel.

Mein persönlicher Glücksmoment heute:

Mo Di Mi Do Fr Sa So / /

Das habe ich Neues über mich gelernt:

Auf dem Weg zum Ziel

Diese Sache habe ich heute getan, um meinem Ziel einen Schritt näher zu kommen:

Das hier hätte ich noch besser machen können:

So fühle ich mich:

Nicht versuchen, sondern tun.

Mein persönlicher Glücksmoment heute:

Mo Di Mi Do Fr Sa So / /

Das habe ich Neues über mich gelernt:

Auf dem Weg zum Ziel

Diese Sache habe ich heute getan, um meinem Ziel einen Schritt näher zu kommen:

Das hier hätte ich noch besser machen können:

So fühle ich mich:

Dein Ziel: Immer ein Ziel zu haben.

Mein persönlicher Glücksmoment heute:

Das habe ich Neues über mich gelernt:

Auf dem Weg zum Ziel

Diese Sache habe ich heute getan, um meinem Ziel einen Schritt näher zu kommen:

Das hier hätte ich noch besser machen können:

So fühle ich mich:

Der Weg zum Ziel lässt dich wachsen – nicht das Ziel.

Mein persönlicher Glücksmoment heute:

Das habe ich Neues über mich gelernt:

Auf dem Weg zum Ziel

So nahe bin ich meinem Ziel in den letzten Tagen gekommen:

Was werde ich in Zukunft tun, um mein Ziel nicht aus den Augen zu verlieren?

Ein Ziel ist ein Traum mit Termin.

Mein persönlicher Glücksmoment heute:

Schlage Wurzeln

„Die Zeiten sind vorbei, in denen man 40 Jahre lang bei derselben Firma verkümmern musste." „Herumreisen und die Welt sehen. Das ist es, was heute zählt." „Du willst doch nicht mit 18 schon deinen Traummann kennenlernen? Nutze doch lieber deine Freiheiten!" Den ein oder anderen Spruch hast du dir im Laufe deines Lebens bestimmt auch schon einmal anhören müssen oder möglicherweise sogar selbst zu jemandem gesagt.

In der Tat haben wir heute so viel mehr Freiheiten als unsere Eltern und Großeltern. Wir können überall hinreisen, uns beruflich neu orientieren, die Zelte abbrechen und woanders wieder errichten, wir können Mann sein, Frau, divers. Niemand wird in unserem Land heute mehr aufgrund seiner Sexualität verfolgt, niemand ist gezwungen, in einer unglücklichen Ehe auszuharren. Dein Job langweilt dich? Such dir einen neuen! Deine Stadt birgt nach einer schmerzhaften Trennung zu viele bittere Erinnerungen? Zieh um! Dir stehen alle Türen offen.

Ich bin sicher, unsere Großeltern würden uns um die Möglichkeiten, die sich uns bieten, beneiden. Gleichzeitig zeigt sich immer mehr die stumpfe Rückseite der glänzenden Medaille. In einer Welt, in der wir alle Freiheiten haben, sind wir immer weniger bereit, uns festzulegen, wollen uns sämtliche Möglichkeiten offenhalten. Wir sagen auf jede Einladung zu, nur um dann eine halbe Stunde vorher abzusagen. Die Alterseinsamkeit wächst. Die Anzahl der Singlehaushalte nimmt stetig zu. In vielen Bereichen unseres alltäglichen Umgangs miteinander gehen Verbindlichkeit und Höflichkeit immer mehr verloren.

Gleichzeitig werden wir durch all die Möglichkeiten, die sich uns bieten, zu Getriebenen. Wie soll ich mit diesem Partner Nägel mit Köpfen machen, wenn auf der anderen Seite das Gras doch möglicherweise viel grüner ist? Ganz abgesehen davon, dass wir gar nicht mehr wissen, *wo* wir überhaupt Wurzeln schlagen wollen. Indem wir auf der ganzen Welt zu Hause sind, sind wir gleichzeitig überall fremd. Wir haben 1000

Abonnenten bei Instagram, aber wissen nicht, wen wir anrufen sollen, wenn wir traurig sind. Wir haben unsere Wurzeln verloren und damit alles, was uns Halt und – noch wichtiger – Kraft geben könnte.

Um diese Wurzeln, die Verbindungen zwischen den Menschen, aber auch zu einem Ort, soll es in dieser Woche gehen. Darum, auf die Menschen zuzugehen, Verbindlichkeit zu zeigen und so wieder die Wurzeln ins Leben zu graben. Um endlich wieder das großartige Gefühl zu spüren, nicht fremd zu sein, zu wissen wo man hingehört. Kein Blatt im Wind, sondern ein fester Baum, den nichts umweht. Das können übrigens ganz kleine Dinge sein: eine Verabredung nicht absagen, obwohl du eigentlich keine Lust dazu hast, und dann erkennen, wie viel Spaß dir dieses Treffen macht. Einen Schwatz mit der Nachbarin halten, obwohl du erschöpft von der Arbeit heimkommst, und dich über ihre Freude freuen. Menschen auf der Straße grüßen, einfach weil du sie jeden Morgen auf deinem Weg siehst, und nicht so tun, als wärt ihr komplette Fremde …

Aber weil wir das in der Ära der Flexibilität ziemlich verlernt haben und manche von uns fast völlig ohne Wurzeln durch diese Welt getrieben werden, findest du auf den folgenden Seiten ganz konkrete Anregungen und Tipps, wie dieses Händereichen, dieses Wurzelschlagen aussehen kann.

Gibt es etwas Schöneres, als zu wissen, wo man hingehört?

Das habe ich Neues über mich gelernt:

Wurzeln schlagen!

Heute sind meine Wurzeln etwas tiefer gewachsen, indem ich auf meine Mitmenschen zugegangen bin und Verbindlichkeit gezeigt habe.

Das habe ich getan:

Es ist nicht wichtig, wie hoch der Baum ist, sondern wie tief die Wurzeln sind.

Zeit für etwas Entspannung!

Hast du Lust, die Wurzeln des Baumes noch tiefer in die Erde graben zu lassen? Nimm einen Stift und zeichne die Wurzeln, die du gerade ganz konkret ins Leben schlägst.

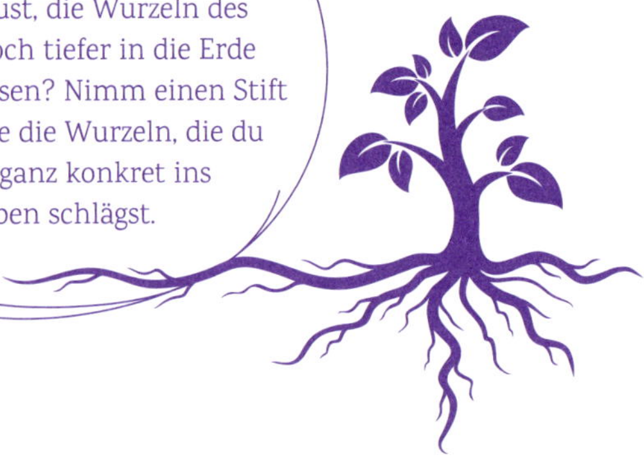

Das war die Reaktion der anderen:

So habe ich mich gefühlt:

Du fühlst dich einsam?

Wie wäre es, wenn du wieder Kontakt zu alten Schulfreunden aufnimmst? Vielleicht hat es ja jemanden in dieselbe Stadt verschlagen wie dich.

Wen könntest du anrufen oder anschreiben?

Mein persönlicher Glücksmoment heute:

Das habe ich Neues über mich gelernt:

Wurzeln schlagen!

Heute sind meine Wurzeln etwas tiefer gewachsen, indem ich auf meine Mitmenschen zugegangen bin und Verbindlichkeit gezeigt habe.

Das habe ich getan:

Kein Mensch ist eine Insel.

Das war die Reaktion der anderen:

So habe ich mich gefühlt:

Hast du schon einmal darüber nachgedacht, in einem Verein aktiv zu werden?

Treibe Sport im Team. So schlägst du zwei Fliegen mit einer Klappe. Was käme für dich in Frage?

Mein persönlicher Glücksmoment heute:

Das habe ich Neues über mich gelernt:

Wurzeln schlagen!

Heute sind meine Wurzeln etwas tiefer gewachsen, indem ich auf meine Mitmenschen zugegangen bin und Verbindlichkeit gezeigt habe.

Das habe ich getan:

Einsamkeit – manchmal schön, immer schrecklich.

Das war die Reaktion der anderen:

So habe ich mich gefühlt:

Bist du ein guter Freund, eine gute Freundin?

Falls du daran zweifelst: Was kannst du machen, um das zu ändern?

Mein persönlicher Glücksmoment heute:

Das habe ich Neues über mich gelernt:

Wurzeln schlagen!

Heute sind meine Wurzeln etwas tiefer gewachsen, indem ich auf meine Mitmenschen zugegangen bin und Verbindlichkeit gezeigt habe.

Das habe ich getan:

Wer tiefe Wurzeln besitzt,
braucht vor keinem Sturm Angst zu haben.

Das war die Reaktion der anderen:

So habe ich mich gefühlt:

Entscheidungsfreude!

Mache dir bewusst, welche grundsätzlichen Entscheidungen du schon lange vor dir herschiebst.

Wie kannst du aktiv werden?

Mein persönlicher Glücksmoment heute:

Das habe ich Neues über mich gelernt:

Wurzeln schlagen!

Heute sind meine Wurzeln etwas tiefer gewachsen, indem ich auf meine Mitmenschen zugegangen bin und Verbindlichkeit gezeigt habe.

Das habe ich getan:

Mitmenschen – der Name sagt alles.

Das war die Reaktion der anderen:

So habe ich mich gefühlt:

Nachbarschaftlich

Wie wäre es, wenn du versuchst, deine Nachbarn einmal besser kennenzulernen?

Was kannst du tun, damit dir das gelingt?

Mein persönlicher Glücksmoment heute:

Das habe ich Neues über mich gelernt:

Wurzeln schlagen!

Heute sind meine Wurzeln etwas tiefer gewachsen, indem ich auf meine Mitmenschen zugegangen bin und Verbindlichkeit gezeigt habe.

Das habe ich getan:

Ein Wir statt viele Ich.

Das war die Reaktion der anderen:

So habe ich mich gefühlt:

Frollegen

Auch Kollegen können „Freundematerial“ sein. Hast du Lust, dich einmal vorzutasten und mehr mit ihnen oder einem davon zu unternehmen?

Wer käme da für dich infrage?

Mein persönlicher Glücksmoment heute:

Das habe ich Neues über mich gelernt:

Wurzeln schlagen!

Heute sind meine Wurzeln etwas tiefer gewachsen, indem ich auf meine Mitmenschen zugegangen bin und Verbindlichkeit gezeigt habe.

Das habe ich getan:

Mit Menschen umgehen statt Mitmenschen umgehen.

Nimm dir am Ende dieser Woche wieder etwas Zeit und einen Stift. Zeichne heute noch-mals die Wurzeln ein, die du jetzt gerade ins Leben schlägst. Hat sich schon etwas verändert?

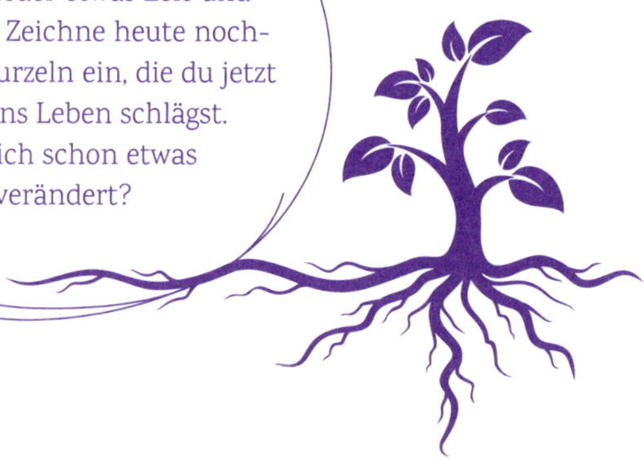

Das war die Reaktion der anderen:

So habe ich mich gefühlt:

Nächstenliebe

Vielleicht wäre auch eine ehrenamtliche Tätigkeit etwas für dich. Vorlesen im Altenheim? In der lokalen Bücherei aushelfen? Was würde dir gefallen?

Mein persönlicher Glücksmoment heute:

Gehe in die Wälder

Wenn du dir den idealen Tag vorstellst, wo würde der sich abspielen? Am Meer, beim Schwimmen mit Delphinen? Auf einer sonnenbeschienenen Wiese, ein kleiner Bach plätschert zwischen Wildblumen, während du mit deinen Liebsten ein Picknick genießt? An einem einsamen Südseestrand, nur du und die endlose Weite?

Egal welches Traumbild dir gerade vorschwebt, sicherlich nicht darin enthalten wären finstere U-Bahn-Tunnel, fensterlose Großraumbüros, weite Betonwüsten. Doch genau an solchen Orten verbringen wir Menschen einen Großteil unseres Lebens. Dabei sind Natur, Pflanzen und Grün für unser Wohlergehen unverzichtbar. So haben Forscher zeigen können, dass allein der Blick ins Grüne reicht, um einen zu hohen Blutdruck signifikant zu senken. Und ein Umzug in die Nähe eines Parks macht ein Drittel so glücklich wie zu heiraten!

Dabei hätte ich vermutlich gar keine wissenschaftlichen Belege anführen müssen, um ein zustimmendes Nicken von dir zu erhalten, denn sicherlich weißt du bereits aus eigener Erfahrung, wie heilsam und bereichernd ein Aufenthalt in der Natur sein kann. Du hast erlebt, wie befreiend es sein kann, einfach nur auf einer Wiese zu liegen, den Wolken zuzusehen, wie sie über dir vorüberziehen, den Duft der Wildblumen einzusaugen, den festen Boden unter deinem Rücken und die federleichten Samen des Löwenzahns zwischen deinen Fingern zu spüren.

Gibt es etwas Schöneres, wenn man niedergeschlagen oder erschöpft ist, als in den Wald zu gehen, darin einzutauchen, ihn mit allen Sinnen wahrzunehmen und die Sorgen einfach davonziehen zu lassen? Die Japaner sprechen hier vom „Waldbaden“ und betrachten *Shinrin yoku* gar als Medizin, weil durch die ätherischen Öle, die wir beim intensiven Einatmen der Waldluft in uns aufnehmen, unser Immunsystem gestärkt wird. Und dazu braucht es nicht etwa Schweiß und Tränen auf dem Wald-Trimm-Dich-Pfad, sondern es reicht schon ein gemütlicher Spaziergang.

Doch obwohl wir um die heilsame Wirkung der Natur auf unsere Seele wissen, nutzen wir viel zu selten die Gelegenheit hinauszugehen, sie in uns aufzusaugen, uns von ihr mit neuer Kraft, mit neuem Leben erfüllen zu lassen. Stattdessen stolpern wir durch die zubetonierten Gassen unsere Städte und fragen uns, was denn nur mit uns los ist.

Diese Woche bist du dazu eingeladen, es nicht so weit kommen zu lassen. Finde ab heute deinen Weg zurück in die Natur, geh in die Wälder, wandere, klettere, schwimme. Spüre die Natur, nimm deine Umwelt mit allen Sinnen wahr, lass dich von ihr heilen, sauge ihre Kraft, ihre Energie in dich ein und fühle, dass du wirklich da bist.

Dass du lebendig bist.

Jeden Tag.

Das habe ich Neues über mich gelernt:

Zurück zur Natur!

So habe ich heute Kontakt zur Natur aufgenommen:

Tanke Kraft in der Einfachheit und Stille der Natur.

Das habe ich dabei gesehen, gerochen, gehört, gefühlt:

Das könnte ich außerdem noch tun, um der Natur einen Schritt näher zu kommen:

Mein persönlicher Glücksmoment heute:

Das habe ich Neues über mich gelernt:

Zurück zur Natur!

So habe ich heute Kontakt zur Natur aufgenommen:

Das habe ich dabei gesehen, gerochen, gehört, gefühlt:

Das könnte ich außerdem noch tun, um der Natur einen Schritt näher zu kommen:

Blumen sind das Lächeln der Natur.

Mein persönlicher Glücksmoment heute:

Das habe ich Neues über mich gelernt:

Zurück zur Natur!

So habe ich heute Kontakt zur Natur aufgenommen:

„Ich ging in die Wälder,
weil ich bewusst leben wollte.
Ich wollte das Dasein auskosten.
Ich wollte das Mark
des Lebens einsaugen!"
Henry David Thoreau

Mo Di Mi Do Fr Sa So / /

Das habe ich dabei gesehen, gerochen, gehört, gefühlt:

Das könnte ich außerdem noch tun, um der Natur einen Schritt näher zu kommen:

Mein persönlicher Glücksmoment heute:

Das habe ich Neues über mich gelernt:

Zurück zur Natur!

So habe ich heute Kontakt zur Natur aufgenommen:

Den Kopf durchpusten lassen hilft besser als jede Kopfschmerztablette.

Das habe ich dabei gesehen, gerochen, gehört, gefühlt:

Das könnte ich außerdem noch tun, um der Natur einen Schritt näher zu kommen:

Mein persönlicher Glücksmoment heute:

Das habe ich Neues über mich gelernt:

Zurück zur Natur!

So habe ich heute Kontakt zur Natur aufgenommen:

Von der Natur kannst du mehr lernen als aus 1000 Büchern.

Das habe ich dabei gesehen, gerochen, gehört, gefühlt:

Das könnte ich außerdem noch tun, um der Natur einen Schritt näher zu kommen:

Mein persönlicher Glücksmoment heute:

Das habe ich Neues über mich gelernt:

Zurück zur Natur!

So habe ich heute Kontakt zur Natur aufgenommen:

Das habe ich dabei gesehen, gerochen, gehört, gefühlt:

Das könnte ich außerdem noch tun, um der Natur einen Schritt näher zu kommen:

Geh hinaus und finde dich selbst.

Mein persönlicher Glücksmoment heute:

Das habe ich Neues über mich gelernt:

Zurück zur Natur!

So habe ich heute Kontakt zur Natur aufgenommen:

Das habe ich dabei gesehen, gerochen, gehört, gefühlt:

Das könnte ich außerdem noch tun, um der Natur einen Schritt näher zu kommen:

Mein persönlicher Glücksmoment heute:

Liebe den Planeten

Die vergangenen sieben Tage hast du damit verbracht, ins Grüne, in die Wälder zu gehen, Mutter Natur auf vielfältige Art und Weise wieder einen Schritt näher zu kommen. Vielleicht hast du den Wind auf deiner Haut gespürt, den Geruch frisch geschnittenen Grases gerochen, hast deine Füße in einen kühlen Bach getaucht, den süßen Geschmack noch sonnenwarmer Beeren auf deinen Lippen gespürt, dich inmitten haushoher Bäume eins mit der Natur gefühlt. Du hast die Ruhe genossen. Das Gefühl eines tiefen Friedens, das du in deinem Alltag viel zu selten erlebst, aber durch die Anregungen der letzten Woche hoffentlich in Zukunft wieder viel öfter genießen darfst. Doch was, wenn es das alles bald nicht mehr gibt, verursacht durch die menschengemachte Klimaerwärmung, unseren Müll, unseren wenig nachhaltigen Umgang mit den Ressourcen von Mutter Erde? Was dann?

Ich lade dich diese Woche dazu ein, diesem Planeten, den du in den vergangenen Tagen wieder so viel mehr zu schätzen gelernt hast, deine Liebe auch zu zeigen.

Indem du Müll vermeidest. Und zwar indem du auf dem Wochenmarkt, an der Milchtankstelle, beim Unverpackt-Laden oder direkt beim Erzeuger einkaufst. Indem du auf Plastikverpackungen so weit wie möglich verzichtest, auf die kleinen Tüten fürs Obst, auf einzeln abgepackte Kekse, auf Einwegbecher, auf Kosmetikpackungen in Reisegröße. Was fällt dir sonst noch ein?

Indem du nachhaltig konsumierst. Und zwar indem du nicht irgendwelchen Mist kaufst, nur weil du gerade einen Shopping-Flash hast. Sondern indem du all deine Einkäufe hinterfragst („Brauche ich das wirklich?") und einfach mal nichts kaufst. Und indem du dich gerade bei Lebensmitteln an zwei wichtigen Prinzipien orientierst: „saisonal" und „regional".

Wie kann nachhaltiger Konsum für dich noch aussehen? *Indem du deinen Wasserverbrauch reduzierst.* Indem du im Hochsommer deinen Rasen nicht sprengst, auf Vollbadorgien verzichtest, beim Zähneputzen das Wasser nicht laufen lässt, Wäsche im Sparprogramm wäschst. Wo kannst du deinen Wasserverbrauch zusätzlich einschränken?

Und schließlich zuletzt, *indem du sparsam mit Energie umgehst.* Sei es in Form von Strom, wenn du nicht alle Geräte auf Stand-by laufen lässt, wenn du Licht nur in den Räumen machst, in denen du auch wirklich bist, und auf überflüssige Stromfresser wie Staubsaugerroboter verzichtest. Aber auch im Hinblick auf Benzin oder Diesel, wenn du lieber aufs Fahrrad statt ins Auto stiegst, eher Zug statt Auto fährst. Womit willst du anfangen?

Drücke deine Liebe zu unserem blauen Planeten in dieser Woche auf „*vier*fältige" Art und Weise aus und spüre das unglaubliche Glücksgefühl, wenigstens einen kleinen Beitrag zur Rettung unserer Erde geleistet zu haben.

Und nach dieser Woche machst du natürlich damit weiter, oder?

Das habe ich Neues über mich gelernt:

Wir haben nur diese eine Erde

So habe ich heute Wasser gespart:

So habe ich heute nachhaltig konsumiert:

So habe ich heute Müll vermieden:

So habe ich heute meinen Energieverbrauch reduziert:

Jeder noch so lange Weg beginnt mit einem allerersten Schritt.

Mein persönlicher Glücksmoment heute:

Das habe ich Neues über mich gelernt:

Wir haben nur diese eine Erde

So habe ich heute Wasser gespart:

So habe ich heute nachhaltig konsumiert:

*Wenn dieses Zuhause zerstört ist,
können wir nirgendwo hin.*

So habe ich heute Müll vermieden:

So habe ich heute meinen Energieverbrauch reduziert:

Mein persönlicher Glücksmoment heute:

Das habe ich Neues über mich gelernt:

Wir haben nur diese eine Erde

So habe ich heute Wasser gespart:

So habe ich heute nachhaltig konsumiert:

Wir brauchen alle Erholung.
Die Natur auch.

So habe ich heute Müll vermieden:

So habe ich heute meinen Energieverbrauch reduziert:

Mein persönlicher Glücksmoment heute:

Das habe ich Neues über mich gelernt:

Wir haben nur diese eine Erde

So habe ich heute Wasser gespart:

So habe ich heute nachhaltig konsumiert:

Mo Di Mi Do Fr Sa So / /

So habe ich heute Müll vermieden:

So habe ich heute meinen Energieverbrauch reduziert:

*Die Natur ist nicht stumm.
Wir Menschen sind manchmal einfach taub.*

Mein persönlicher Glücksmoment heute:

Das habe ich Neues über mich gelernt:

Wir haben nur diese eine Erde

So habe ich heute Wasser gespart:

So habe ich heute nachhaltig konsumiert:

Was wir heute tun entscheidet darüber,
wie die Welt morgen aussieht.
Marie von Ebner-Eschenbach

So habe ich heute Müll vermieden:

So habe ich heute meinen Energieverbrauch reduziert:

Mein persönlicher Glücksmoment heute:

Das habe ich Neues über mich gelernt:

Wir haben nur diese eine Erde

So habe ich heute Wasser gespart:

So habe ich heute nachhaltig konsumiert:

Nicht viel zu haben macht unabhängig, sondern wenig zu brauchen.

So habe ich heute Müll vermieden:

So habe ich heute meinen Energieverbrauch reduziert:

Mein persönlicher Glücksmoment heute:

Das habe ich Neues über mich gelernt:

Wir haben nur diese eine Erde

So habe ich heute Wasser gespart:

So habe ich heute nachhaltig konsumiert:

So habe ich heute Müll vermieden:

So habe ich heute meinen Energieverbrauch reduziert:

Wissen reicht nicht, du musst es auch tun.

Mein persönlicher Glücksmoment heute:

Lebe nicht in der Vergangenheit

Es kann so herrlich zu sein, in die eigene Vergangenheit einzutauchen. Wenn du in alten Fotoalben blätterst und dabei in Erinnerungen schwelgst.

Weißt du noch, wie unerträglich heiß es damals immer in deinem alten, tiefergelegten Renault Twingo ohne Klimaanlage war? Wie er auf der Autobahn an dieser einen Bodenwelle immer aufgesetzt ist? Und wie du im Winter mit dem Hammer auf den Anlasser schlagen musstest, damit er überhaupt anspringt? Und doch war es für dich das beste Auto der Welt, weil es deines war. Ein Stück Unabhängigkeit, mit gerade mal 18 Jahren ...

Oder weißt du noch – dieses Picknick? Der herrliche Septembersonnenschein, ganz spontan, nichts zu essen dabei als eine Schachtel Kekse und zugleich wohl einer der schönsten Tage deines Lebens, denn dein Schwarm war zum ersten Mal mit dabei. Und bei der Erinnerung daran fühlst du dich fast wieder ein bisschen wie frisch verliebt ...

Oder ein Jahr später, die Abschlussfahrt, deine besten Freundinnen und ein Traumsommer, der kein Ende zu nehmen schien.

Ein andermal kommt die Erinnerung ganz plötzlich und ungeplant. Ein Lied. Ein Geruch. Von Haarspray und Fettschminke. Es ist wieder Kinderfasching, und du hast den Spaß deines Lebens.

In Erinnerungen zu schwelgen kann unglaublich erfüllend sein. Der fränkische Schriftsteller Jean Paul sagte einmal: „Mit einer Kindheit voll Liebe kann man ein halbes Leben hindurch für die kalte Welt haushalten." Ich würde diesen Satz noch um die Jugend ergänzen. Denn mal ehrlich: Wer eine erfüllende Kindheit und Jugend erleben durfte, der kann tatsächlich sein Leben lang aus einem reichen Fundus an kraftspendenden Erinnerungen zehren.

Doch warum habe ich dieser Woche dann das Motto „Lebe nicht in der Vergangenheit" vorausgestellt? Weil das Schwelgen in der Vergangenheit auch so einiges an Gefahren birgt. Weil gerade die Schönheit unserer Geschichte für uns im manchmal tristen Grau des Alltags zur Versuchung wird, die Vergangenheit in einem allzu rosigen Licht zu betrachten und so die Augen zu verschließen vor den vielen Wundern im Hier und Jetzt.

Deshalb bist du diese Woche dazu eingeladen, die Bedeutung der Vergangenheit für dein Leben, für deine Persönlichkeit zu erkennen, aber diese Vergangenheit auch realistisch einzuschätzen – mit all ihren Glanzlichtern, aber auch ihren nicht ganz so tollen Ereignissen. Lass die Erinnerungen zu, aber nicht nur um darin zu schwelgen, sondern auch um daraus Kraft für die Durststrecken im Leben und die entsprechenden Lehren zu ziehen. Lerne die Gegenwart wertzuschätzen und achtsam zu genießen, um hoffnungsfroh in die Zukunft blicken zu dürfen.

Denn die Vergangenheit ist etwas Wunderschönes.

Aber du lebst heute.

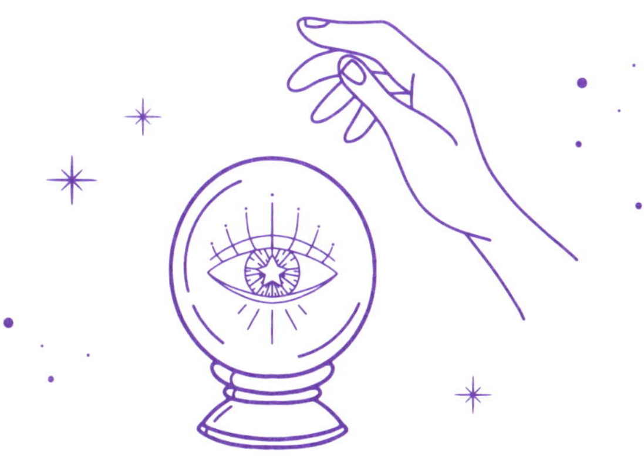

Das habe ich Neues über mich gelernt:

Die Gegenwart spüren

Bevor wir uns wieder der Vergangenheit zuwenden, geht es heute darum, deine Gegenwart achtsam wahrzunehmen: Nimm dir fünf oder zehn Minuten Zeit, um einfach im Hier und Jetzt zu sein. Überlege nicht, was du später noch erledigen musst, grüble nicht über irgendwelche Erlebnisse in der Vergangenheit nach. Sei einfach präsent im Augenblick.

Das kann funktionieren, indem du ganz bewusst mit all deinen Sinnen wahrnimmst. Lege oder setze dich dafür bequem hin. Du kannst die Augen schließen, um empfänglicher zu werden für deine anderen Sinne. Was hörst du, was riechst du, was schmeckst du? Wenn ein Gedanke auftaucht („Was soll ich heute Abend essen?"), dann lass ihn da sein, wehre dich nicht dagegen, aber lass ihn auch ziehen. Es ist nicht schlimm, dass er da ist.

Spüre deinen Atem, wie er deine Lunge erfüllt, deine Brust weitet. Wie fühlt sich die Luft auf deiner Haut an? Der Boden unter deinem Hintern?

Lebe im Hier und Jetzt, denn nur darauf hast du in diesem Augenblick Einfluss.

Genieße es, in Gedanken ganz im Augenblick zu sein …

Atme tief ein … und wieder aus. Öffne die Augen, falls du sie geschlossen hattest.

Wie fühlst du dich jetzt?

Wiederhole die Übung in dieser Woche täglich. Außerdem bietet auch dein Alltag zahlreiche Möglichkeiten, um Achtsamkeit zu üben. Und zwar indem du auch gewöhnliche Tätigkeiten mit allen Sinnen wahrnimmst, mit deinem ganzen Körper spürst.

Das können profane Dinge sein wie Wäsche aufhängen. Spüre, wie anders sich die Texturen der Stoffe unter deiner Hand anfühlen, wenn sie feucht sind. Fühle die feinen Wassertropfen, die dich treffen, wenn du eine Bluse vor dem Aufhängen ausschüttelst. Nimm den feinen Geruch des Waschmittels wahr. Woran erinnert er dich?

Mein persönlicher Glücksmoment heute:

Das habe ich Neues über mich gelernt:

Meine Wurzeln

Deine Vergangenheit, die Erlebnisse in deiner Kindheit und Jugend, aber auch in späteren Zeiten haben dich erst zu dem gemacht, was du heute bist.

Diese fünf Erlebnisse haben mich geprägt:

-
-
-
-
-

Sich selbst erkennen ist die größte und wichtigste Aufgabe des Menschen.

Was habe ich daraus für mein Leben mitnehmen können?

Das habe ich heute
achtsam wahrgenommen:

Mein persönlicher Glücksmoment heute:

Das habe ich Neues über mich gelernt:

Quell des Glücks

Es gibt diese Momente, in denen die Kraft fehlt. In diesen Augenblicken kann die Vergangenheit für dich zum Quell des Glücks werden.

Schreibe in die Wolken, welche deiner ganz persönlichen Erinnerungen dich immer wieder glücklich machen.

Der erste Urlaub?

Dein schönstes Geburtstagsgeschenk?

Die langen Nachmittage im selbstgebauten Baumhaus mit deiner besten Freundin?

Nutze die Kraft der Vergangenheit.

Das habe ich heute achtsam wahrgenommen:

Manchmal ist die Vergangenheit
wie ein Ruhekissen für deine wunde Seele.

Mein persönlicher Glücksmoment heute:

Das habe ich Neues über mich gelernt:

Es ist nicht alles Gold was glänzt

Betrachte die Vergangenheit realistisch.

Was war vielleicht doch nicht nur perfekt?

Nur wer die Vergangenheit loslässt,
hat eine Chance,
die Gegenwart zu ergreifen.

Wende diese Erlebnisse zum Positiven: Was kann ich dennoch daraus für mein heutiges Leben lernen?

Das habe ich heute achtsam wahrgenommen:

Mein persönlicher Glücksmoment heute:

Das habe ich Neues über mich gelernt:

Was hält dich sonst noch in der Vergangenheit?

Manchmal sind es nicht nur die schönen Erinnerungen, die Nostalgie, die uns an die Vergangenheit fesseln. Enttäuschungen, Erlebnisse, die uns peinlich sind, Verletzungen, die uns zugefügt wurden und die wir anderen zugefügt haben, verfolgen uns manchmal ein ganzes Leben.

Gib dir die Erlaubnis loszulassen. Vergangene Dinge sind vergangen. Trage diese Erinnerungen in die Tränen auf diesen beiden Seiten ein.

Ich gebe mir die Erlaubnis, diese Enttäuschungen, diese belastenden Erinnerungen loszulassen:

Nimm nun einen dicken schwarzen Stift und streiche die Erinnerungen so oft durch, bis du sie nicht mehr lesen kannst.

Das habe ich heute achtsam wahrgenommen:

Vielleicht kann ich nicht vergessen, aber ich kann vergeben und verzeihen.

Mein persönlicher Glücksmoment heute:

Das habe ich Neues über mich gelernt:

Die Gegenwart wertschätzen

Du hast in den vergangenen Wochen immer wieder deine persönlichen Glücksmomente aufgeschrieben. Tritt heute einen Schritt zurück, betrachte dein Leben und stelle dir die Frage:

Was macht diese Gegenwart möglicherweise zur besten Zeit meines Lebens?

Mo Di Mi Do Fr Sa So / /

Lebe in der besten aller Welten!

Das habe ich heute
achtsam wahrgenommen:

Mein persönlicher Glücksmoment heute:

Das habe ich Neues über mich gelernt:

Der Blick nach vorne

Es ist Zeit, einen Blick nach vorne zu werfen!

Darauf freue ich mich in der Zukunft:

Blicke frohgemut nach vorne, es gibt ja doch kein Zurück.

Was muss ich im Hier und Heute tun, damit das auch gelingt?

Das habe ich heute achtsam wahrgenommen:

Mein persönlicher Glücksmoment heute:

Frage nach dem Sinn

Es gibt viel zu tun im Leben. Wir wollen beruflich ganz vorne mit dabei sein, uns um unsere Gesundheit und körperliche Fitness kümmern, den Kontakt zu Freunden pflegen, uns um unsere Liebsten kümmern, die neuesten Shopping-Angebote nicht verpassen und zwischendurch auch einmal ein Stündchen meditieren, um unsere Work-Life-Balance im Gleichgewicht zu halten.

Manchmal gelingt uns das weniger, manchmal mehr, und dann fühlen wir uns gut. Wie genießen diesen einen Augenblick der Seelenruhe, der Erhabenheit, der Zufriedenheit. Doch was ist das? Dieser fremde Gedanke ist ein seltener Gast, für den wir bisher in der Rushhour des Alltags keine Zeit gehabt haben. Nun aber klopft er energisch an die Tür, während wir am Ende des Tages zur Ruhe kommen, und fragt: Ist es das jetzt also? Das Glück? Der Sinn des Lebens?

Es gibt in unserem durchgetakteten Leben nur noch wenige Momente, in denen die existenziellen Fragen unseres Daseins zu uns durchdringen. Und damit meine ich nicht allein die Frage nach dem Sinn unseres Lebens. Es geht auch um andere tiefergehende Fragen, die durchaus nicht so angenehm sind, vielleicht sogar Angst machen – der tatsächliche Grund, weshalb wir ständig versuchen, uns ihnen zu entziehen.

Wie sieht eigentlich ein gutes Leben aus? Und was ist mein ganz persönlicher Daseinszweck? Was geschieht mit uns nach unserem Tod?

Ich lade dich diese Woche dazu ein, Augen und Ohren einmal nicht vor diesen ganz grundsätzlichen Fragen deines Daseins zu verschließen, dich damit auseinanderzusetzen und damit zu ringen. Und wenn du sie nicht beantworten kannst, der Antwort zumindest einen Schritt näher zu kommen.

Ist das nicht Zeitverschwendung, fragst du dich? Schließlich weiß ja sowieso niemand, was denn nun die „richtigen" Antworten auf all diese Fragen sind. Das mag auf den ersten Blick so stimmen. Natürlich gibt es keine Auflösung, keine Seite, auf der du nachschlagen kannst, ob du mit deiner Antwort nun richtig oder falsch liegst. Aber nur wenn du dir selbst die Frage gestellt hast, was für dich ein gutes Leben ausmacht, dann kannst du auch dein Leben bewusst an diesen Leitlinien ausrichten. Nur wenn du dir bewusst machst, dass du so gar nicht an ein Leben nach dem Tod glaubst oder glauben willst, kann dir das den Anstoß dazu geben, ganz anders mit der dir geschenkten Zeit umzugehen ...

Nutze diese Woche und brich auf zu neuen Erkenntnissen!

Du wirst so einiges über dich selbst erfahren.

Das habe ich Neues über mich gelernt:

Glaubensfrage

Was denkst du: Gibt es einen Gott oder ein anderes allmächtiges Wesen, das über unser Schicksal bestimmen kann?

Ja? Wie stellst du dir Gott oder ein solches Wesen vor?

Wie ist deiner Meinung nach seine Beziehung zu uns Menschen?

Du glaubst nicht an Gott oder an ein höheres, allmächtiges Wesen? Wie würdest du beschreiben, woran du glaubst?

Was bedeutet das für dein Leben?

Der Glaube ist der Anfang aller guten Werke.
Martin Luther

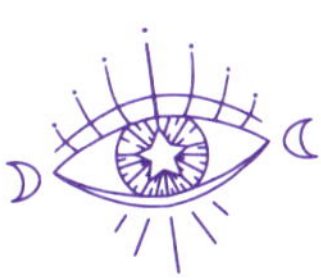

Mein persönlicher Glücksmoment heute:

Das habe ich Neues über mich gelernt:

Der Sinn

Gibt es einen Sinn im Leben?

Ja? Was ist dieser für dich?

Was tust du, um dementsprechend zu leben?

Nur wer fragt, erhält Antwort.

Was kannst du besser machen?

Du glaubst, es gibt keinen übergeordneten Sinn im Leben?
Wie kannst du trotzdem selbst in deinem Leben Sinn stiften?

Mein persönlicher Glücksmoment heute:

Das habe ich Neues über mich gelernt:

Schattenseiten

Was denkst du: Warum tun scheinbar gute Menschen manchmal so schreckliche Dinge?

Lerne dich zu lieben – auch oder gerade wegen deiner schlechten Seiten.

Was sind deine Schattenseiten?

Wie gehst du mit diesen um?

Mein persönlicher Glücksmoment heute:

Das habe ich Neues über mich gelernt:

Einfach gut

Was macht für dich ein gutes Leben aus?

Güte, du Tochter der Liebe.

Was tust du, um so einem Leben näher zu kommen?

Was kannst du besser machen?

Mein persönlicher Glücksmoment heute:

Das habe ich Neues über mich gelernt:

Jenseits des Flusses

Gibt es deiner Meinung nach so etwas wie Himmel und Hölle?

Wie stehst du zum Thema Wiedergeburt?

Niemand liebt das Leben aus Vernunft.

Was passiert deiner Meinung nach mit uns, wenn wir sterben?

Was kannst du für dich aus diesen Überlegungen mitnehmen?

Mein persönlicher Glücksmoment heute:

Das habe ich Neues über mich gelernt:

Das Übersinnliche

Glaubst du an Dinge, die jenseits unseres menschlichen Vorstellungsvermögens liegen - Geister, Karma, Gedankenübertragung?

Hast du selbst schon einmal so etwas erlebt?

Wie fühlst du dich angesichts solcher Phänomene?

Was könnten deiner Meinung nach Erklärungen dafür sein?

Das Wesentliche ist
für die Augen unsichtbar.
Antoine de Saint-Exupéry

Mein persönlicher Glücksmoment heute:

Das habe ich Neues über mich gelernt:

Noch so viele Fragen

Welchen anderen, tiefgehenden Fragen in deinem Leben möchtest du dich noch widmen?

Was bedeutet für dich zu lieben?

Wofür würdest du sterben?

Was würdest du für deine Liebsten aufgeben?

Was möchtest du in deinem Leben noch erleben?

Gibt es etwas Schöneres, als seinen Platz im Leben gefunden zu haben?

Mein persönlicher Glücksmoment heute:

Höre auf deinen Bauch

Wenn du einen beliebigen Menschen fragen würdest, was uns als Menschen ausmacht, was würde er dann wohl antworten? Unsere Fähigkeit, Werkzeuge zu benutzen? Unser aufrechter Gang? Unser Sozialverhalten?

Die häufigste Antwort, die man auf diese Frage vermutlich bekommen würde, wäre: unser Verstand, die Fähigkeit logisch zu denken, vorausschauend zu planen und uns von unserem einmal eingeschlagenen Weg nicht so leicht abbringen zu lassen. Und in der Tat wären sicherlich viele unserer menschlichen Errungenschaften in den Bereichen Physik, Medizin, Chemie, Architektur, Mathematik, aber auch Philosophie und Kunst nicht möglich gewesen ohne die Fähigkeit, unser im Vergleich zu anderen Säugetieren überdimensioniertes Gehirn gekonnt einzusetzen.

Andererseits haben Forscher immer wieder zeigen können, dass unser Gehirn durchaus nicht so unfehlbar ist, wie wir uns das manchmal gerne einreden. Und damit meine ich nicht etwa Spielereien wie optische Täuschungen. Manchmal führt unser vermeintlich so unfehlbares Gehirn uns trotz oder gerade wegen seines Hangs zu Effizienz und logischen Schlüssen auf verquere Abwege: Wenn wir zum Beispiel falsche Entscheidungen treffen, weil es „unpassende" Fakten einfach ausblendet, wenn wir Zusammenhänge zwischen Dingen sehen, die gar nicht zusammengehören, wenn wir uns von Vorurteilen blenden lassen.

Gleichzeitig haben wir alle schon selbst erlebt, wie unser Bauchgefühl und unsere Intuition immer wieder versuchen, uns zu einer Entscheidung zu bewegen oder von Dingen abzuhalten. „Schau noch einmal bei deiner Großmutter vorbei!", raten sie dir und ermöglichen ein letztes wundervolles Gespräch mit ihr am Vorabend ihres Todes. „Nimm den anderen Weg!", warnen sie wider alle Vernunft – und bewahren dich so vor einem kilometerlangen Stau auf der Autobahn. Mit unserer Vernunft, mit Logik und Verstand lassen sich solche Dinge kaum erklären.

Ich freue mich darauf, diese Woche gemeinsam mit dir stärker auf dieses Bauchgefühl zu hören, in dich hineinzuspüren und nicht nur auf die kalte Logik deines Gehirns zu hören. Du hast bei einem Projekt, bei einem Menschen kein gutes Gefühl? Halte dich möglichst davon fern!

Wichtig: Es geht dabei nicht darum, irrationalen Ängsten nachzugeben, sondern dem nachzuspüren, was deine Intuition dir sagen will. Und ganz nebenbei werde ich in den folgenden Tagen die vermeintliche Unfehlbarkeit des Verstands noch ein bisschen entzaubern, um im Gegenzug dein Vertrauen in dein Bauchgefühl weiter zu stärken.

Denn manchmal muss man einfach nur genau hinhören.

Das habe ich Neues über mich gelernt:

Bauchgefühle

Bei welcher Entscheidung hast du heute auf dein Bauchgefühl gehört?

Illusion 1:
Ich hab's ja gesagt!

Dieser Satz kommt dir bekannt vor? Wir Menschen neigen dazu, unsere Vorhersagen bezüglich bestimmter Ereignisse rückblickend anders einzuschätzen. Das Gehirn kommt offenbar nicht gut damit klar, nicht Recht gehabt zu haben, und formt sich die Erinnerung entsprechend um.

Wann bist du zuletzt auf diesen Trick deines Gehirns reingefallen?

Mo Di Mi Do Fr Sa So ___ / ___ / ___

Wie hast du gehandelt?

Wie hat sich das angefühlt?

Unser aller Problem: Zu viel denken, zu wenig fühlen.

Mein persönlicher Glücksmoment heute:

Das habe ich Neues über mich gelernt:

Bauchgefühle

Bei welcher Entscheidung hast du heute auf dein Bauchgefühl gehört?

Wie hast du gehandelt?

Wie hat sich das angefühlt?

Das Leben lässt sich nicht zähmen.

**Illusion 2:
Alles im Griff**

Das hätten wir gerne! Und weil wir ja generell nicht so gut mit Enttäuschungen klarkommen, erzeugt unser Gehirn gerne auch einmal Illusionen, um uns darin zu bestätigen. Bei der Kontrollillusion gehen wir davon aus, dass wir auf Dinge, die wir eigentlich gar nicht beeinflussen können, doch irgendwie Einfluss nehmen können. Glaubst du nicht? Schon mal eine Münze am Parkautomaten gerieben, damit das dämliche Teil sie endlich annimmt?

Wann bist du zuletzt auf diesen Trick deines Gehirns reingefallen?

Mein persönlicher Glücksmoment heute:

Das habe ich Neues über mich gelernt:

Bauchgefühle

Bei welcher Entscheidung hast du heute auf dein Bauchgefühl gehört?

Wie hast du gehandelt?

Wie hat sich das angefühlt?

Illusion 3:
Komische Gefühle

Erinnerst du dich noch an das Hängebrücken-Experiment von Woche 3? Manchmal verwechselt unser Gehirn Gefühle schlichtweg. Ich schwitze, mein Herz rast! Das muss Verliebtheit sein! Traue den Interpretationen deines Gehirns nicht blind. Oder vielleicht war die Person neulich auf der Party gar nicht so furchtbar langweilig, sondern du warst einfach müde und erschöpft?

Wann bist du zuletzt auf diesen Trick deines Gehirns reingefallen?

Kenne deine Grenzen.

Mein persönlicher Glücksmoment heute:

Das habe ich Neues über mich gelernt:

Bauchgefühle

Bei welcher Entscheidung hast du heute auf dein Bauchgefühl gehört?

Wie hast du gehandelt?

Wie hat sich das angefühlt?

Illusion 4:
Typisch Mann!

Gib es zu: Dieser Satz ist dir vermutlich schon so oft durch den Kopf geschossen. Und wenn nicht der, dann vielleicht „Typisch Frau", „Typisch Engländer" oder „Typisch Politiker"? Wie oft erklären wir uns das Verhalten von Menschen damit, dass sie Mitglied einer sozialen Gruppierung sind, anstatt uns bewusst zu machen, dass eine Person nicht aufgrund ihrer Eigenschaft als Mann, Frau, Landbewohner etc., sondern als unabhängige, eigenständige Person denkt und handelt – und vor allem nicht immer so, wie wir das gerne hätten? Da hat es sich unser Gehirn, wie übrigens bei allen Vorurteilen, einmal wieder sehr leicht gemacht.

Wann bist du zuletzt auf diesen Trick deines Gehirns reingefallen?

In jedem Idioten steckt auch nur ein Mensch.

Mein persönlicher Glücksmoment heute:

Das habe ich Neues über mich gelernt:

Bauchgefühle

Bei welcher Entscheidung hast du heute auf dein Bauchgefühl gehört?

Wie hast du gehandelt?

Wie hat sich das angefühlt?

Nenne es nicht Irrtum, sondern Erfahrung.

Illusion 5:
Von wegen unabhängig!

Auch wenn es um nackte Zahlen geht, schlägt uns unser Gehirn gerne mal ein Schnippchen. Wenn wir zum Beispiel Schätzungen oder Preisvorstellungen abgeben sollen, klammert es sich wie besessen an bereits genannten Zahlen fest. In der Kognitionspsychologie wird dies als „Ankereffekt" bezeichnet. Stell dir vor, du würdest Folgendes gefragt: „Würden Sie fünf Euro für Kinder in Not spenden? Welchen Betrag würden Sie geben?" Auf die Idee, deutlich mehr zu spenden, kommst du bzw. dein Gehirn vermutlich gar nicht erst, es fixiert sich auf die fünf Euro.

Wann bist du zuletzt auf diesen Trick deines Gehirns reingefallen?

Mein persönlicher Glücksmoment heute:

Das habe ich Neues über mich gelernt:

Bauchgefühle

Bei welcher Entscheidung hast du heute auf dein Bauchgefühl gehört?

Illusion 6: So gar nicht objektiv

Wer glaubt, er könne vorurteilsfrei in Diskussionen gehen, muss leider ebenfalls enttäuscht werden. Anstatt alle Argumente als gleichwertig einzuschätzen, bleiben eher solche in Erinnerung, die sich mit unserer eigenen Meinung decken, und werden von unserem Gehirn auch als überzeugender wahrgenommen.

Wann bist du zuletzt auf diesen Trick deines Gehirns reingefallen?

Wie hast du gehandelt?

Wie hat sich das angefühlt?

Höre auf deinen Bauch,
aber vergiss dein Gehirn nicht!

Mein persönlicher Glücksmoment heute:

Das habe ich Neues über mich gelernt:

Bauchgefühle

Bei welcher Entscheidung hast du heute auf dein Bauchgefühl gehört?

Wie hast du gehandelt?

Wie hat sich das angefühlt?

Illusion 7:
Wie ein Heiligenschein

Das passiert, wenn unser Gehirn auf Vorurteile hereinfällt: Eine Person ist groß, schlank, gepflegt, ein begnadeter Redner? Dann muss sie auch unglaublich intelligent und leistungsstark sein. Wahrgenommene positive Eigenschaften überstrahlen und verstärken andere Aspekte bzw. Eigenschaften der Person, über die wir eigentlich noch gar nichts wissen. Das Ganze funktioniert allerdings auch umgekehrt mit schlechten Eigenschaften.

Wann bist du zuletzt auf diesen Trick deines Gehirns reingefallen?

Vorurteile sind die Vernunft der Narren.
Voltaire

Mein persönlicher Glücksmoment heute:

Akzeptiere den Lauf des Lebens

Stell dir vor, du könntest ewig leben. Und nicht nur das: Du wärst immer jung, fit, agil, hättest keine biologische Uhr, die dir mit ihrem Ticken manchmal im wahrsten Sinne des Wortes den Schweiß auf die Stirn treibt, keine Rückenschmerzen, die dir sagen, dass es mit ein paar Mal Schwimmen pro Jahr nicht wirklich getan ist. Und keine grauen Haare, die dir spätestens alle sechs Wochen, wenn der Ansatz wieder rauswächst, bewusst machen dass du alterst, dass auch für dich irgendwann einmal alles ein Ende haben wird.

Du hättest alle Zeit der Welt. Wäre das nicht wundervoll?

Sicherlich. Einige Zeit. Vielleicht ein paar Monate. Vielleicht sogar Jahre, Jahrzehnte. Doch dann würde sich die Langeweile einstellen, die Beliebigkeit. Du würdest beginnen, Dinge zu hinterfragen. Ist das wirklich die Liebe meines Lebens, wenn mir doch bis in alle Ewigkeit sämtliche Türen offenstehen? Wäre es nicht doch Zeit für ein weiteres Kind, wenn der Körper unbegrenzt dazu bereit ist? Natürlich war dieser Urlaub herrlich, aber irgendwie, nach 120 Jahren, die du durch die Welt getingelt bist, nutzen sich selbst die neuesten, lebendigsten Eindrücke irgendwann ab ...

Vielleicht hat die Beschränktheit, die Endlichkeit unseres Daseins doch ihre guten Seiten. Denn sie geben den Dingen Wert, indem sie uns zurufen: Genieße die durchgetanzte Nacht, vielleicht ist es das letzte Mal, dass du jung und verrückt genug dazu bist.

Doch natürlich bringt diese Endlichkeit auch ihre Schattenseiten mit sich. Sie macht uns Angst: um uns, um andere. Denn wie können wir keine Angst haben, wenn wir lieben? Wenn uns bewusst wird, dass die Geschenke, die das Leben uns bietet, nur von beschränkter Dauer sind?

Und zugleich hat dieses Bewusstsein, dass alle Dinge ein Ende haben, auch etwas Tröstliches. Denn die Vergänglichkeit, der ewige Wandel des Daseins erstreckt sich eben auch auf die Dinge in deinem Leben, die nicht so positiv sind. Egal was dich bedrückt, es wird vergehen. Leid, Trauer, Schmerz – *life goes on*, der Fluss fließt weiter, immer neues Wasser strömt hinzu und gibt dir die Möglichkeit, neu anzusetzen. Vor allem aber hilft dir das Bewusstsein der Vergänglichkeit der Dinge auch, die Gelegenheit beim Schopf zu packen, Dinge nicht mehr aufzuschieben bis zu jenem Tag, der niemals kommt.

Deshalb: Nimm die Vergänglichkeit an, jetzt und heute! Umarme sie und nutze den Tag von ganzem Herzen!

Das habe ich Neues über mich gelernt:

Alles geht vorüber

Bei welchen Dingen bist du froh, dass sie irgendwann ein Ende finden werden? Schreibe sie in die Wolken.

Denn nichts währt ewig. Alles geht vorüber.

Manchmal sind es nicht die Dinge selbst, sondern deine Einstellung dazu.

Mein persönlicher Glücksmoment heute:

Das habe ich Neues über mich gelernt:

Stelle dich deiner Angst!

Vor welchen Dingen hast du für die Zukunft Angst?

Lass dich nicht von der Angst lähmen.

Was wird dir bei deren Bewältigung helfen?

Nichts?

Denke jedoch daran: Das Leben geht weiter. Und selbst der schlimmste Schmerz hat irgendwann ausgebrannt.

Mein persönlicher Glücksmoment heute:

Das habe ich Neues über mich gelernt:

#nofilter

Betrachte dich genau im Spiegel und zeichne in den Rahmen alle Falten ein, die du entdecken kannst.

Du wirst älter. Aber du bist immer noch du.
Ist das nicht schön?

Was erzählen dir deine Falten über all die großartigen Dinge, die du in deinem Leben bisher erleben durftest?

Was verraten dir diese Falten über deinen Charakter?

Es kommt der Zeitpunkt, an dem man sich zwischen seinem Gesicht und seinem Hintern entscheiden muss.

Frei nach Catherine Deneuve

Mein persönlicher Glücksmoment heute:

Das habe ich Neues über mich gelernt:

Nutze den Tag

Welche Dinge willst du noch tun, welche Gelegenheiten ergreifen, solange sie da sind und sich dir bieten?

Wann willst du damit beginnen?

Vielleicht ist morgen kein Tag mehr.

Mein persönlicher Glücksmoment heute:

Das habe ich Neues über mich gelernt:

Aus einer anderen Perspektive ...

Krame in alten Fotoalben und betrachte dich. Was hattest du nicht alles an dir auszusetzen. Und jetzt? Siehst du, wie schlank du warst? Wie jung du warst?

Klebe hier Bilder ein, die du früher einmal gehasst hast – und jetzt gar nicht so schlecht findest.

*Ich wünschte, ich wäre wieder so jung wie damals,
als ich dachte, ich wäre schon ziemlich alt.*

Mein persönlicher Glücksmoment heute:

Das habe ich Neues über mich gelernt:

Erfreue dich an dem, was du hast!

Erinnerst du dich, was du gestern gelernt hast? Nämlich, dass wir die Dinge, die wir im Augenblick möglicherweise gar nicht zu schätzen wissen, irgendwann vermissen und aus wehmütigen Augen betrachten werden.

Was ist jetzt in deinem Leben unfassbar toll, großartig, wunderbar? Schreibe es in die Seifenblasen.

Jeder Tag ist wie ein funkelnder Stern.

Mein persönlicher Glücksmoment heute:

Das habe ich Neues über mich gelernt:

Dinge, die bleiben …

Wie war das: Nichts ist für die Ewigkeit?

Wir wollen mal die Ausnahme von der Regel machen. Welche Dinge bleiben möglicherweise doch? Schreibe in die Einmachgläser, auf was du in deinem Leben immer zählen kannst.

Für immer
und ewig.

Mein persönlicher Glücksmoment heute:

Lebe den Verzicht

Am deutlichsten merkt man es vermutlich, wenn man sich mit seinen Eltern oder Großeltern unterhält ...

„Ständig neue Klamotten? Ich habe meine ganze Kindheit hindurch nur zu hohen Festtagen etwas Neues bekommen. Ansonsten habe ich die Kleider meiner Geschwister aufgetragen. Ja, auch die meiner großen Brüder."

„Manchmal habe ich mein Taschengeld gespart und mir beim Metzger davon ein paar Scheiben Gelbwurst gekauft. Ganz allein für mich!"

„Die Nachbarn waren die Einzigen im Dorf, die ein Telefon hatten. Und da ist man nur hin zum Telefonieren, wenn etwas ganz Schlimmes oder Wichtiges passiert ist."

Manche dieser Geschichten hören sich an, als wären sie nicht 60 oder 70 Jahre her, sondern 200. Wie sehr hat sich doch unsere westeuropäische Lebenswelt allein schon in den letzten Jahrzehnten geändert ...

Weißt du noch, wie du überlegt hast, ob du so ein riesiges Smartphone überhaupt brauchst?

Weißt du noch, wie du zum ersten Mal eine Litschi gegessen hast?

Weißt du noch, wie du zum ersten Mal nach einem Shoppingrausch mit fünf Tüten aus einem Billigmodegeschäft gekommen bist?

Wir haben heute alles.

Wir haben von allem zu viel.

Und langsam, nein, eigentlich schon lange, stellt sich ein Gefühl der Übersättigung, ja fast des Überdrusses ein. Es gibt kaum etwas, das wir heute nicht haben können, und wir sind ständig auf der Suche nach dem nächsten Kick. Wie sonst ließe sich erklären, dass „Erlebnisgeschenke" aktuell einen so unglaublichen Boom erleben: ein Indoor-Surfkurs, Bodyflying, eine Alpaka-Wanderung ...

Es ist einerseits ein Umdenken, das hier stattfindet, die Erkenntnis, dass rein materielle Dinge eben langfristig doch nicht glücklich machen. Gleichzeitig wird auf diese Art und Weise auch noch die letzte Bastion unseres Lebens kommerzialisiert und zur Fließbandware erklärt: die Emotionen. Wann beginnen wir wohl, uns wie in Japan passende Freunde für unsere durchgestylten Feste zu mieten?

Nehmen wir stattdessen einen kurzen Augenblick den Fuß vom Gas. Schalten wir einen Gang zurück in unserem „Nach-immer-mehr-Streben". Nimm dir einen Augenblick der Ruhe, betrachte dich selbst und frage dich, worauf zu verzichten dir in deinem Leben einmal richtig guttun würde ...

Das können auch ruhig die Klassiker wie Alkohol, Fleisch und Zigaretten sein. Ebenfalls Dauerbrenner auf der ewigen Fastenliste: Schokolade und Zucker allgemein. Oder ist Shopping deine Achillesferse? Höre in dich hinein und finde heraus, auf was du verzichten möchtest – in der kommenden Woche, aber auch in den darauffolgenden drei Wochen bis zum Ende dieses Buches.

Außerdem lade ich dich in den nächsten sieben Tagen dazu ein, jeden Tag mit kleinen Verzichtsübungen zu gestalten.

Sei gespannt!

Darauf möchte ich in den nächsten vier Wochen verzichten:

Das habe ich Neues über mich gelernt:

Digital Detox

Bist du bereit für einen Tag Digital Detox?

Lass heute dein Handy zu Hause! Und wenn du heimkommst, dann lass es einfach ausgeschaltet, und zwar vom Aufstehen bis zum Ins-Bett-gehen!

Habe ich durchgehalten?

Ja ☐ Nein ☐

Was war dabei besonders schwer für mich:

So fühle ich mich jetzt:

Dein großes Verzichtsprojekt

Der erste Tag von vier Wochen ist vorbei.

Habe ich durchgehalten?

Ja ☐ Nein ☐

Was war dabei besonders schwer für mich:

So fühle ich mich jetzt:

Lass nicht zu, dass die Dinge, die du besitzt, dich besitzen.

Mein persönlicher Glücksmoment heute:

Das habe ich Neues über mich gelernt:

Zeit nur für dich

Wie wäre es, wenn du heute einmal auf den Kontakt zu deinen Mitmenschen verzichtest und dir Zeit nimmst nur für dich selbst? Gehe allein Mittagessen. Wenn dir das unangenehm ist, kannst du gern im Spaziergehen oder auf einer Parkbank essen. Telefoniere nicht, wenn du auf den Bus wartest, sondern lass einfach deine Gedanken ziehen. Verbringe den Abend allein, und zwar nicht, indem du stumpf fernsiehst, sondern indem du in dich hineinfühlst: Wie geht es mir eigentlich?

Habe ich durchgehalten?

Ja ☐ Nein ☐

Was war dabei besonders schwer für mich:

So fühle ich mich jetzt:

Dein großes Verzichtsprojekt

Der zweite Tag von vier Wochen ist vorbei.

Habe ich durchgehalten?

Ja ☐ Nein ☐

Was war dabei besonders schwer für mich:

So fühle ich mich jetzt:

Es ist der Verzicht auf die richtigen Dinge, der uns reich macht.

Mein persönlicher Glücksmoment heute:

Das habe ich Neues über mich gelernt:

No Make-up

Zeig, wie schön du bist und verzichte heute komplett auf Make-up – und nein, nicht einmal ein Hauch von Wimperntusche ist erlaubt!

Habe ich durchgehalten?

Ja ☐ Nein ☐

Was war dabei besonders schwer für mich:

So fühle ich mich jetzt:

Dein großes Verzichtsprojekt

Der dritte Tag von vier Wochen ist vorbei.

Habe ich durchgehalten?

Ja ☐ Nein ☐

Was war dabei besonders schwer für mich:

So fühle ich mich jetzt:

Ein Lächeln schmückt dich mehr als der leuchtendste Lippenstift.

Mein persönlicher Glücksmoment heute:

Das habe ich Neues über mich gelernt:

Tschüss, ihr negativen Gedanken!

In welchen Situationen neigst du zum Grübeln? Beim Autofahren? Abends im Bett? Versuche heute, negativen Gedanken keine Beachtung zu schenken. Lass sie einfach ziehen, ohne dich mit ihnen zu beschäftigen.

Habe ich durchgehalten?

Ja ☐ Nein ☐

Was war dabei besonders schwer für mich:

So fühle ich mich jetzt:

Dein großes Verzichtsprojekt

Der vierte Tag von vier Wochen ist vorbei.

Habe ich durchgehalten?

Ja ☐ Nein ☐

Was war dabei besonders schwer für mich:

So fühle ich mich jetzt:

Wenn sich deine Gedanken nur im Kreis drehen, wirst du nie von der Stelle kommen.

Mein persönlicher Glücksmoment heute:

Das habe ich Neues über mich gelernt:

Dein ökologischer Fußabdruck

Verzichten wir doch heute einmal auf etwas mehr oder weniger Greifbares: CO_2. Und zwar, indem du heute so viel wie möglich zu Fuß gehst. Und wenn das nicht geht? Wie sieht es mit Fahrrad, Mitfahrgelegenheit oder öffentlichen Verkehrsmitteln aus?

Habe ich durchgehalten?

Ja ☐ Nein ☐

Was war dabei besonders schwer für mich:

So fühle ich mich jetzt:

Dein großes Verzichtsprojekt

Der fünfte Tag von vier Wochen ist vorbei.

Habe ich durchgehalten?

Ja ☐ Nein ☐

Was war dabei besonders schwer für mich:

So fühle ich mich jetzt:

Selbst in ihren kleinsten Dingen
ist die Natur eine Welt voller Wunder.

Mein persönlicher Glücksmoment heute:

Das habe ich Neues über mich gelernt:

Einfach mal unaufgeräumt

Versuche heute aufs Aufräumen zu verzichten. Lass daheim alles stehen und liegen und akzeptiere es, dass deine Umgebung einmal nicht perfekt aufgeräumt ist.

Habe ich durchgehalten?

Ja ☐ Nein ☐

Was war dabei besonders schwer für mich:

So fühle ich mich jetzt:

Dein großes Verzichtsprojekt

Der sechste Tag von vier Wochen ist vorbei.

Habe ich durchgehalten?

Ja ☐ Nein ☐

Was war dabei besonders schwer für mich:

So fühle ich mich jetzt:

Das Glück, einfach mal allein in deinem Kopf zu sein.

Mein persönlicher Glücksmoment heute:

Das habe ich Neues über mich gelernt:

Power off

Der Staubsaugerroboter saugt, der PC brummt, der Fernseher läuft, das Radio dudelt nebenher, und das Licht brennt sowieso den ganzen Tag. Wie wäre es, wenn du heute versuchst, deinen Stromverbrauch so weit wie möglich zu reduzieren? Das Handy darf heute auch ruhig wieder ausbleiben ...

Habe ich durchgehalten?

Ja ☐ Nein ☐

Was war dabei besonders schwer für mich:

So fühle ich mich jetzt:

Schwimme nicht mit dem Strom.

Dein großes Verzichtsprojekt

Der siebte Tag von vier Wochen ist vorbei.

Habe ich durchgehalten? Ja Nein

Was war dabei besonders schwer für mich:

So fühle ich mich jetzt:

Viel Kraft und Erfolg für die verbleibenden drei Wochen Verzicht! Und auch danach darfst du natürlich gerne damit weitermachen oder von ein paar der anderen Dinge, auf die du in dieser Woche schon probeweise verzichtet hast, Abstand nehmen. Oder wie wäre es mal mit Läster-, Grübel- oder Müllfasten? Dir stehen alle Möglichkeiten offen.

Mein persönlicher Glücksmoment heute:

Gehe sinnvoll mit deiner Zeit um

Wofür man nicht alles dankbar sein kann: für seine Familie, Freunde, Kinder, den Partner oder die Gesundheit, die man häufig erst zu schätzen weiß, wenn sie zwischenzeitlich einmal streikt. Doch eine Sache, für die wir noch viel seltener dankbar sind, ist die Zeit.

Wie stiefmütterlich gehen wir oft mit diesem Geschenk um – als vergäßen wir manchmal, dass sie als beschränktes und wertvolles Gut überhaupt erst die Grundlage unseres Daseins ist ...

Wir verschwenden sie an Mitmenschen, die unsere Zeit und Aufmerksamkeit gar nicht zu schätzen wissen. Die uns warten lassen, wieder und immer wieder, und gar kein Interesse an uns und unserem Leben haben, sondern uns nur mit ihren Problemen überschütten. Verstehe mich bitte nicht falsch: Kann es etwas Schöneres geben, als deine Zeit einer Freundin oder einem Freund zu schenken, die oder der dich gerade wirklich braucht? Nein! Aber wenn du irgendwann nur noch der Gebende bist, dann muss sich etwas ändern.

Wir verschwenden unsere Zeit an unseren Perfektionismus, wenn wir versuchen, alles hundertprozentig zu machen. Wenn wir darum kämpfen, jede minimale Kleinigkeit zu regeln, zu kontrollieren. Dabei besagt doch die 80:20-Regel, dass wir in 20 Prozent der Zeit schon ein achtzigprozentiges Ergebnis erreichen können. Um aber ein hundertprozentiges Ergebnis zu erreichen, müssen wir uns mehr oder weniger unendlich abrackern – und opfern dafür unsere wertvolle Zeit.

Wir verschwenden unsere Zeit, indem wir uns ganze Stunden durch Instagram scrollen, uns auf irgendwelchen Shoppingseiten durch die Angebote klicken oder Handyspiele daddeln, anstatt diese wertvolle Zeit für sinnvolle Tätigkeiten zu verwenden, und sei es nur ein kurzes Telefonat mit einem lieben Menschen.

Wir „zerhacken" unsere Zeit in immer kleinere Fenster, um möglichst viele Termine, Tätigkeiten, Aufgaben unterzubringen und vergessen dabei doch, uns einfach einmal Zeit für uns selbst zu nehmen.

All diese genannten Zeiträuber wollen wir uns in den nächsten Tagen ein bisschen genauer ansehen. Wir wollen uns Abhilfe verschaffen und gegen die Zeiträuber wehren. Wenn du nicht jeden Tag überall ein Beispiel eintragen kannst, ist das in Ordnung. Die Möglichkeit, ein bisschen weniger Zeit zu verschwenden, dir kleine Zeitoasen freizuschaufeln und ein bisschen weniger perfekt zu sein, hast du auf jeden Fall!

Nutze die Zeit!

Das habe ich Neues über mich gelernt:

Nutze die Zeit!

Dieses Zeitfenster möchte ich heute ganz allein für mich freihalten:

Das habe ich damit gemacht:

Hier habe ich mir die Erlaubnis gegeben, auch einmal nicht perfekt zu sein:

Hier habe ich mich heute selbst beim Zeitverschwenden erwischt und damit aufgehört:

Diesen Zeiträubern habe ich heute ihre Grenzen aufgezeigt:

*Der beste Zeitvertreib:
Dinge tun, die dich glücklich machen.*

Mein persönlicher Glücksmoment heute:

Das habe ich Neues über mich gelernt:

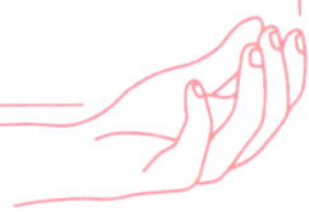

Nutze die Zeit!

Dieses Zeitfenster möchte ich heute ganz allein für mich freihalten:

Das habe ich damit gemacht:

Hier habe ich mir die Erlaubnis gegeben, auch einmal nicht perfekt zu sein:

Hier habe ich mich heute selbst beim Zeitverschwenden erwischt und damit aufgehört:

Diesen Zeiträubern habe ich heute ihre Grenzen aufgezeigt:

„Einen Tag ungestört in Muße zu verleben heißt, einen Tag ein Unsterblicher zu sein."

Chinesisches Sprichwort

Mein persönlicher Glücksmoment heute:

Das habe ich Neues über mich gelernt:

Nutze die Zeit!

Dieses Zeitfenster möchte ich heute ganz allein für mich freihalten:

Das habe ich damit gemacht:

Hier habe ich mir die Erlaubnis gegeben, auch einmal nicht perfekt zu sein:

Hier habe ich mich heute selbst beim Zeitverschwenden erwischt und damit aufgehört:

Diesen Zeiträubern habe ich heute ihre Grenzen aufgezeigt:

Du allein bist für dein Leben verantwortlich.

Mein persönlicher Glücksmoment heute:

Das habe ich Neues über mich gelernt:

Nutze die Zeit!

Dieses Zeitfenster möchte ich heute ganz allein für mich freihalten:

Das habe ich damit gemacht:

Hier habe ich mir die Erlaubnis gegeben, auch einmal nicht perfekt zu sein:

Hier habe ich mich heute selbst beim Zeitverschwenden erwischt und damit aufgehört:

Diesen Zeiträubern habe ich heute ihre Grenzen aufgezeigt:

Nimm dir Zeit.
Nur dann gibt sie dir etwas.

Mein persönlicher Glücksmoment heute:

Das habe ich Neues über mich gelernt:

Nutze die Zeit!

Dieses Zeitfenster möchte ich heute ganz allein für mich freihalten:

Das habe ich damit gemacht:

Hier habe ich mir die Erlaubnis gegeben, auch einmal nicht perfekt zu sein:

Hier habe ich mich heute selbst beim Zeitverschwenden erwischt und damit aufgehört:

Diesen Zeiträubern habe ich heute ihre Grenzen aufgezeigt:

Die Fähigkeit, Nein sagen zu können, ist der erste Schritt in die Freiheit.

Mein persönlicher Glücksmoment heute:

Das habe ich Neues über mich gelernt:

Nutze die Zeit!

Dieses Zeitfenster möchte ich heute ganz allein für mich freihalten:

Das habe ich damit gemacht:

Hier habe ich mir die Erlaubnis gegeben, auch einmal nicht perfekt zu sein:

Hier habe ich mich heute selbst beim Zeitverschwenden erwischt und damit aufgehört:

Diesen Zeiträubern habe ich heute ihre Grenzen aufgezeigt:

Im Leben gibt es keine Nachspielzeit.

Mein persönlicher Glücksmoment heute:

Das habe ich Neues über mich gelernt:

Nutze die Zeit!

Dieses Zeitfenster möchte ich heute ganz allein für mich freihalten:

Das habe ich damit gemacht:

Hier habe ich mir die Erlaubnis gegeben, auch einmal nicht perfekt zu sein:

Hier habe ich mich heute selbst beim Zeitverschwenden erwischt und damit aufgehört:

Diesen Zeiträubern habe ich heute ihre Grenzen aufgezeigt:

„Wir haben genug Zeit,
wenn wir sie nur richtig verwenden."
Johann Wolfgang von Goethe

Mein persönlicher Glücksmoment heute:

Lebe nicht für die Arbeit

Es gibt wohl nichts, womit die meisten von uns in ihrem Leben ähnlich viel Zeit verbringen wie mit Arbeit, außer vielleicht schlafen. Und tatsächlich ist Arbeit für die meisten von uns ziemlich unverzichtbar. Sie ermöglicht uns Geld zu verdienen, um für den Lebensunterhalt aufzukommen beziehungsweise unseren Beitrag zum Haushalt zu leisten. Außerdem bietet sie uns die besten Möglichkeiten zum Knüpfen und zur Pflege sozialer Kontakte, die mit dem tagtäglichen Umgang immer weiterwachsen und sogar zu engen und langjährigen Freundschaften werden können.

Ja, Arbeit ist wichtig. Arbeit kann sogar etwas Schönes sein. Dennoch bist du diese Woche dazu eingeladen, zu hinterfragen, welchen Stellenwert du der Arbeit in deinem Leben einräumst. Denn so gut es sich manchmal anfühlt, wenn du einen anspruchsvollen Arbeitstag richtig gerockt hast, so schön es ist, mit den Kollegen einen trinken zu gehen und so großartig es ist, wenn das Gehalt eintrudelt und du dir endlich die lang ersehnte Handtasche leisten kannst: Arbeit ist kein Lebenszweck. Arbeit ist schlichtweg dazu da, dir ein zufriedenes, erfüllendes Leben zu finanzieren. Sie ist dazu da, um dir die Möglichkeit zu geben, dein Leben so bereichernd wie möglich zu gestalten, dass du dich auch wirklich wie ein Mensch und nicht wie eine Arbeitsmaschine fühlst.

Natürlich gibt es Ausnahmen: zum Beispiel Mediziner, die sich ganz in den Dienst ihrer Patienten stellen, Erfinderinnen, in denen alles danach drängt, schöpferisch tätig zu werden. Aber auch ihre Lebenszeit ist begrenzt. Sie bekommen am Ende ihres Lebens keine Bonusrunde, um dann noch eine gewisse Zeit mit ihren Lieben zu verbringen, nur weil sie sich in ihrem bisherigen Leben so für andere aufgeopfert haben. Was du jetzt nicht genießt, das wirst du morgen vielleicht nicht mehr genießen können. Wem du jetzt nicht deine Zeit, deine Liebe schenkst, dem wirst du sie vielleicht auch morgen nicht mehr schenken können. Daher stelle ich dir jetzt die alles entscheidende Frage: Lebst du, um zu arbeiten, oder arbeitest du, um zu leben?

Auf den folgenden sechs Seiten findest du jeweils identische Listen, die dir eine tägliche Bestandsaufnahme im Hinblick auf dein Arbeitsleben möglich machen sollten. Was nervt dich? Was stresst dich? Was treibt dich zur Weißglut? Finde heraus, wie zufrieden du wirklich mit deiner Arbeit bist – oder ob du dich nicht insgeheim nach einer ganz anderen, befriedigerenden und ausfüllenderen Tätigkeit sehnst.

Am siebten Tag geht es darum, aus dieser Bestandsaufnahme die entsprechenden Lehren zu ziehen.

Sei mutig und ehrlich.

Denn wer nur für die Arbeit lebt, ist ein Sklave.

Mo Di Mi Do Fr Sa So ____ / ____ / ____

Das habe ich Neues über mich gelernt:

Dein Job auf dem Prüfstand

Heute habe ich ...

- ... mich über meinen Chef/meine Kollegen/mein Gehalt/ etwas anderes in Bezug auf die Arbeit geärgert. ☐
- ... nicht die Pausen gemacht, die mir zustehen. ☐
- ... über die Arbeit gegrübelt, obwohl ich heute gar nicht arbeiten musste. ☐
- ... das Gefühl gehabt, dass meine Arbeit total sinnlos ist. ☐
- ... Überstunden gemacht. ☐
- ... mich in der Arbeit ausgelaugt und erschöpft gefühlt. ☐
- ... mir Sorgen über meine Arbeitsleistung gemacht. ☐
- ... das Gefühl gehabt, dass ich vor lauter Arbeit gar nicht zu den wichtigen Dingen in meinem Leben komme. ☐
- ... überhaupt keine Lust gehabt, aufzustehen und in die Arbeit zu gehen. ☐

Manche Dinge musst du jetzt tun! Du wirst sie niemals nachholen können.

Mein persönlicher Glücksmoment heute:

Das habe ich Neues über mich gelernt:

Dein Job auf dem Prüfstand

Heute habe ich …

… mich über meinen Chef/meine Kollegen/mein Gehalt/ etwas anderes in Bezug auf die Arbeit geärgert.

… nicht die Pausen gemacht, die mir zustehen.

… über die Arbeit gegrübelt, obwohl ich heute gar nicht arbeiten musste.

… das Gefühl gehabt, dass meine Arbeit total sinnlos ist.

… Überstunden gemacht.

… mich in der Arbeit ausgelaugt und erschöpft gefühlt.

… mir Sorgen über meine Arbeitsleistung gemacht.

… das Gefühl gehabt, dass ich vor lauter Arbeit gar nicht zu den wichtigen Dingen in meinem Leben komme.

… überhaupt keine Lust gehabt, aufzustehen und in die Arbeit zu gehen.

*Frage dich immer, was **du** wirklich **willst**, nicht, was **du sollst**.*

Mein persönlicher Glücksmoment heute:

Mo Di Mi Do Fr Sa So / /

Das habe ich Neues über mich gelernt:

Dein Job auf dem Prüfstand

Heute habe ich ...

... mich über meinen Chef/meine Kollegen/mein Gehalt/ etwas anderes in Bezug auf die Arbeit geärgert.

... nicht die Pausen gemacht, die mir zustehen.

... über die Arbeit gegrübelt, obwohl ich heute gar nicht arbeiten musste.

... das Gefühl gehabt, dass meine Arbeit total sinnlos ist.

... Überstunden gemacht.

... mich in der Arbeit ausgelaugt und erschöpft gefühlt.

... mir Sorgen über meine Arbeitsleistung gemacht.

... das Gefühl gehabt, dass ich vor lauter Arbeit gar nicht zu den wichtigen Dingen in meinem Leben komme.

... überhaupt keine Lust gehabt, aufzustehen und in die Arbeit zu gehen.

Lebe dein Leben, du hast nur dieses eine!

Mein persönlicher Glücksmoment heute:

Das habe ich Neues über mich gelernt:

Dein Job auf dem Prüfstand

Heute habe ich ...

... mich über meinen Chef/meine Kollegen/mein Gehalt/ etwas anderes in Bezug auf die Arbeit geärgert.

... nicht die Pausen gemacht, die mir zustehen.

... über die Arbeit gegrübelt, obwohl ich heute gar nicht arbeiten musste.

... das Gefühl gehabt, dass meine Arbeit total sinnlos ist.

... Überstunden gemacht.

... mich in der Arbeit ausgelaugt und erschöpft gefühlt.

... mir Sorgen über meine Arbeitsleistung gemacht.

... das Gefühl gehabt, dass ich vor lauter Arbeit gar nicht zu den wichtigen Dingen in meinem Leben komme.

... überhaupt keine Lust gehabt, aufzustehen und in die Arbeit zu gehen.

Ständig auf der Überholspur zu fahren kann ziemlich anstrengend sein.

Mein persönlicher Glücksmoment heute:

Mo Di Mi Do Fr Sa So ___ / ___ / ___

Das habe ich Neues über mich gelernt:

Dein Job auf dem Prüfstand

Heute habe ich ...

- ... mich über meinen Chef/meine Kollegen/mein Gehalt/ etwas anderes in Bezug auf die Arbeit geärgert. ☐
- ... nicht die Pausen gemacht, die mir zustehen. ☐
- ... über die Arbeit gegrübelt, obwohl ich heute gar nicht arbeiten musste. ☐
- ... das Gefühl gehabt, dass meine Arbeit total sinnlos ist. ☐
- ... Überstunden gemacht. ☐
- ... mich in der Arbeit ausgelaugt und erschöpft gefühlt. ☐
- ... mir Sorgen über meine Arbeitsleistung gemacht. ☐
- ... das Gefühl gehabt, dass ich vor lauter Arbeit gar nicht zu den wichtigen Dingen in meinem Leben komme. ☐
- ... überhaupt keine Lust gehabt, aufzustehen und in die Arbeit zu gehen. ☐

Blicke immer auf das, was du schon geschafft hast, und nicht darauf, was noch erledigt werden muss.

Mein persönlicher Glücksmoment heute:

Das habe ich Neues über mich gelernt:

Dein Job auf dem Prüfstand

Heute habe ich ...

... mich über meinen Chef/meine Kollegen/mein Gehalt/ etwas anderes in Bezug auf die Arbeit geärgert.

... nicht die Pausen gemacht, die mir zustehen.

... über die Arbeit gegrübelt, obwohl ich heute gar nicht arbeiten musste.

... das Gefühl gehabt, dass meine Arbeit total sinnlos ist.

... Überstunden gemacht.

... mich in der Arbeit ausgelaugt und erschöpft gefühlt.

... mir Sorgen über meine Arbeitsleistung gemacht.

... das Gefühl gehabt, dass ich vor lauter Arbeit gar nicht zu den wichtigen Dingen in meinem Leben komme.

... überhaupt keine Lust gehabt, aufzustehen und in die Arbeit zu gehen.

Sei so loyal zu deinem Arbeitgeber, wie er es mit dir wäre.

Mein persönlicher Glücksmoment heute:

Das habe ich Neues über mich gelernt:

Bestandsaufnahme

Du hast in den vergangenen sechs Tagen keines oder nur sehr wenige Kästchen angekreuzt? Das ist wirklich ein Grund zum Freuen! Du lebst nicht um zu arbeiten und verschwendest nicht deine ganze Lebensenergie, um die Maschine zu füttern.

Was aber, wenn dir so einige Dinge aufgefallen sind, die dich in deinem Arbeitsleben belasten?

- Wäre eine Versetzung in eine andere Abteilung eine Option für dich?
- Könnte möglicherweise eine Teilzeitstelle etwas für dich sein?
- Wie viel Geld brauchst du wirklich? Häufig arbeiten wir, um Geld zu verdienen, mit dem wir Dinge kaufen, die wir eigentlich nicht brauchen.
- Würde ein Gespräch mit deiner/m Vorgesetzten eine Änderung bringen?
- Könnte dein Partner dich in deinen beruflichen Belangen stärker unterstützen?

Am Ende deines Lebens freust du dich nicht darüber, dass dein Gehaltsscheck 100 Euro höher war als der deines Kollegen, sondern dass du früher Feierabend gemacht hast als er.

So soll sich mein Arbeitsleben in der Zukunft verändern:

Das ist mein erster Schritt:

Mein persönlicher Glücksmoment heute:

Sei offen für Neues

Gewohnheiten sind etwas Wunderschönes. Sie verschaffen uns Sicherheit, machen unser Leben vorhersehbar, geben unserem Dasein zumindest in gewissem Maß Planbarkeit.

Und doch werden eingefahrene Gewohnheiten schnell zu einem Quell der Langeweile und des Frusts. Der feste Putztag, der dir lange das gute Gefühl gegeben hat, an wenigstens einem Tag in der Woche alles zu schaffen, was sich in der restlichen Zeit an Schmutz und Unordnung aufgetürmt hat, ist irgendwann zur regelrechten Qual geworden. Was? Schon wieder eine Woche vorbei? Das kann doch nicht sein! Der Kleidungsstil, mit dem du seit zehn Jahren schon gut fährst und eigentlich ziemlich zufrieden bist, langweilt dich irgendwann derart, dass du wieder einmal vor dem berühmten „vollen Kleiderschrank mit nichts zum Anziehen" stehst.

Gehe diese Woche doch einmal alles ganz anders an. Indem du nämlich Dinge, die du schon immer so gemacht hast, einfach mal anders machst (auch wenn es in dir ganz laut „Wo kommen wir denn da hin!" schreit). Du gehst mittags immer zu diesem kleinen Italiener, der ein super leckeres und trotzdem preiswertes Menü anbietet? Das darfst du auch gerne in Zukunft, aber probiere heute einfach einmal den neuen Vietnamesen aus. Du trägst seit Jahren perfekt sitzende schwarze Röhrenjeans und bestellst dir, sobald eine von deinen vier identischen Paaren verschlissen ist, 1:1 die gleiche wieder nach? Wie wäre es mit einem neuen Schnitt, oder – entsetztes Einatmen – einem bunten Muster?

Doch du bist auch auf ganz andere Art und Weise dazu eingeladen, in der kommenden Woche offen zu sein für Neues. Indem du nämlich Dinge ausprobierst, die komplett neu für dich sind. Du willst schon lange lernen, wie man mit einer Overlock-Nähmaschine umgeht? Lass es dir erklären und probiere es aus. Ein Fallschirmsprung reizt dich schon seit deiner frühesten Jugend? Mach es, solange sich die Gelegenheit dazu bietet! Du willst schon lange Salsa tanzen lernen? Melde dich für einen Tanzkurs an!

Was hast du schon zu verlieren? Was wäre denn so schlimm, wenn nicht gleich alles perfekt klappt? Wenn du Fehler machst? Wir alle machen Fehler. Du wärst damit nicht allein. Und den Spaß hättest du trotzdem. Du bist kein kleines Kind mehr, das angesichts der erwartungsvoll-strengen Augen seiner Eltern und Lehrer Angst vor Fehltritten haben muss. Du bist ein erwachsener Mensch, der für sich selbst einsteht. Hast du nicht auch dieses Buch durchgearbeitet, dich auf eine neue Herausforderung eingelassen und schließlich erkannt, wie viel du dabei für dein Leben mitnehmen kannst?

Na, also!

GO. FOR. IT.

Das habe ich Neues über mich gelernt:

Auf ein Neues!

Mit dieser Routine habe ich heute gebrochen:

Das habe ich stattdessen gemacht:

So habe ich mich dabei gefühlt:

Mo Di Mi Do Fr Sa So / /

Diese komplett neue Sache habe ich heute ausprobiert:

So habe ich mich dabei gefühlt:

Werde ich es wieder tun?

Ja Nein

*Ein neuer Weg ist immer ein Wagnis.
Aber ohne ihn wirst du nie neue Orte entdecken.*

Mein persönlicher Glücksmoment heute:

Das habe ich Neues über mich gelernt:

Auf ein Neues!

Mit dieser Routine habe ich heute gebrochen:

Das habe ich stattdessen gemacht:

So habe ich mich dabei gefühlt:

Mo Di Mi Do Fr Sa So / /

Diese komplett neue Sache habe ich heute ausprobiert:

So habe ich mich dabei gefühlt:

Werde ich es wieder tun?

Ja Nein

Gib alles, nur nicht auf!

Mein persönlicher Glücksmoment heute:

Das habe ich Neues über mich gelernt:

Auf ein Neues!

Mit dieser Routine habe ich heute gebrochen:

Das habe ich stattdessen gemacht:

So habe ich mich dabei gefühlt:

Diese komplett neue Sache habe ich heute ausprobiert:

So habe ich mich dabei gefühlt:

Werde ich es wieder tun?

Ja Nein

Du brauchst Mut, um dein Glück zu finden.

Mein persönlicher Glücksmoment heute:

Das habe ich Neues über mich gelernt:

Auf ein Neues!

Mit dieser Routine habe ich heute gebrochen:

Das habe ich stattdessen gemacht:

So habe ich mich dabei gefühlt:

Diese komplett neue Sache habe ich heute ausprobiert:

So habe ich mich dabei gefühlt:

Werde ich es wieder tun?

Ja Nein

„Wer immer tut, was er schon kann,
bleibt immer das, was er schon ist."
Henry Ford

Mein persönlicher Glücksmoment heute:

Das habe ich Neues über mich gelernt:

Auf ein Neues!

Mit dieser Routine habe ich heute gebrochen:

Das habe ich stattdessen gemacht:

So habe ich mich dabei gefühlt:

Diese komplett neue Sache habe ich heute ausprobiert:

So habe ich mich dabei gefühlt:

Werde ich es wieder tun?

Ja Nein

Gönn dir mal wieder
so einen richtigen Mutausbruch.

Mein persönlicher Glücksmoment heute:

Das habe ich Neues über mich gelernt:

Auf ein Neues!

Mit dieser Routine habe ich heute gebrochen:

Das habe ich stattdessen gemacht:

So habe ich mich dabei gefühlt:

Diese komplett neue Sache habe ich heute ausprobiert:

So habe ich mich dabei gefühlt:

Werde ich es wieder tun?

Ja Nein

Manchmal musst du dich gegen Dinge entscheiden, um Dinge wählen zu können.

Mein persönlicher Glücksmoment heute:

Das habe ich Neues über mich gelernt:

Auf ein Neues!

Mit dieser Routine habe ich heute gebrochen:

Das habe ich stattdessen gemacht:

So habe ich mich dabei gefühlt:

Diese komplett neue Sache habe ich heute ausprobiert:

So habe ich mich dabei gefühlt:

Werde ich es wieder tun?

Ja Nein

Dusche unter den Wolken,
wenn andere im Regen stehen.

Mein persönlicher Glücksmoment heute:

Zu guter Letzt …

Wie geht es dir?

In den vergangenen 20 Wochen hast du dich mit den unterschiedlichsten Bereichen deines Lebens auseinandergesetzt. Du hast Bestandsaufnahmen gemacht, hast Dinge, die dir vorher gar nicht bewusst waren, überhaupt erst zu schätzen gelernt. Du hast Aspekte in deinem Leben geändert, die dich auf dem Weg zu deinem wahren Selbst gehemmt und blockiert haben. Und du hast gelernt, deine Zeit sinnvoll zu nutzen.

Darauf darfst du richtig stolz sein.

Ich bin richtig stolz auf dich.

Doch wie geht es jetzt weiter?

Blicke zurück, blättere durch dieses Buch und überlege dir, welche Anregungen, welche Veränderungen dich in den vergangenen Wochen am meisten geprägt haben, welche dich auf deiner Reise am weitesten vorangebracht haben.

Gibt es Routinen, die du gerne fortführen willst? Bei welchen Übungen kannst du dir vorstellen, diese auch in Zukunft in deinen Alltag einzubauen?

Damit will ich auch in Zukunft fortfahren:

In dieser Form will ich diese Aufgaben
in meinen Alltag einbauen:

Egal, welche der Bestandsaufnahmen, Routinen oder Übungen du weiterführst: Ich wünsche dir von Herzen alles Gute auf deinem Weg!

Denn du bist ein ganz besonderer Mensch: du selbst!

Aber das weißt du ja inzwischen selbst …

Deine
Anne Sommer

Platz für deine Notizen

Bildnachweis

stock.adobe.com: © aluna1, © chekman, © designer_an, © ilyakalinin, © KsanaGraphica, © kssss, © Maria Skrigan, © Mara Fribus, © Masmas, © megav0lt, © natalyadyachkova, © Perfect Vectors, © teploleta, © Vikivector; Designed by freepik.com – © Freepik (Weltkugel S. 163, Rahmen S. 236/237), © starline (Zahnräder S. 283); Stephanie Wojtynek (Seifenblasen S. 238/239)

© Naumann & Göbel Verlagsgesellschaft mbH
Emil-Hoffmann-Straße 1, D-50996 Köln
Autorin: Anne Sommer
Redaktion: Ulrike Schulte-Richtering, Susanne Kuhn
Satz & Gestaltung: Stephanie Wojtynek
Gesamtherstellung:
Naumann & Göbel Verlagsgesellschaft mbH, Köln

ISBN 978-3-625-18804-9

www.naumann-goebel.de